W0348037

Mosaik

bei GOLDMANN

Buch

Die »zivilisierten« Menschen gehören heute zu den bestgenährten Menschen, und doch sind sie unterernährt, denn es fehlen ihnen bestimmte Vitalstoffe, so daß sie die schwächlichsten und kränklichsten Lebewesen auf dieser Welt sind.

Als wohl erfahrendster Ernährungswissenschaftler der Welt beschreibt Dr. Walker in diesem Buch die Bedeutung der Vitalstoffe (Enzyme, Vitamine, Mineralstoffe, Faserstoffe) in unserem täglichen Essen. Diese finden wir nur in natürlichen Lebensmitteln, nicht dagegen in »verarbeiteten« oder sogenannten »veredelten« Nahrungsmitteln, die aus der Fabrik kommen. Frische Salate und Gemüse stehen neben Früchten an erster Stelle in der Wertigkeit gesunder Lebensmittel. Deshalb ist es so wichtig, täglich frische Salate ohne Beigaben wie Essig, Zucker, Konservendressings usw. zu essen.

Außerdem erklärt der Autor die Zusammenhänge der Verdauung und die Anatomie des menschlichen Körpers. Zudem werden fast alle gängigen Gemüse-, Salat- und Fruchtarten beschrieben. Wundervolle Rezepte enthält dieses Buch natürlich auch!

Autor

Schon um die Jahrhundertwende begann sich Dr. Walker in London für gesündere Ernährung zu interessieren. 1910 gründete er in New York das Norwalk-Laboratorium für Ernährung und Forschung und hat seitdem wichtige Beiträge für längeres, aktiveres Leben geleistet. Im Alter von 113 Jahren schrieb er sein letztes Buch »Einfache Gewichtskontrolle«. Mit 116 Jahren starb er in den USA und hinterließ wichtige Beiträge zur Ernährungsforschung.

Von Dr. Walker sind bei Mosaik bei Goldmann außerdem erschienen:

Auch Sie können wieder jünger werden! (13693)
Frische Frucht- und Gemüsesäfte (13694)

DR. NORMAN W. WALKER

Täglich frische Salate erhalten Ihre Gesundheit

Mit einem Vorwort der »Fit for Life«-
Autoren Harvey und Marilyn Diamond

Mosaik
bei GOLDMANN

Die hier vorgestellten Informationen sind nach bestem Wissen und Gewissen geprüft, dennoch übernehmen der Autor und der Verlag keinerlei Haftung für Schäden irgendeiner Art, die sich direkt oder indirekt aus dem Gebrauch der hier vorgestellten Anwendungen ergeben. Bitte beachten Sie in jedem Fall die Grenzen der Selbstbehandlung, und nehmen Sie bei Krankheitssymptomen professionelle Diagnose und Therapie durch ärztliche oder naturheilkundliche Hilfe in Anspruch.

Umwelthinweis:
Alle bedruckten Materialien dieses Taschenbuches
sind chlorfrei und umweltschonend.

Vollständige Taschenbuchausgabe Januar 2000
Wilhelm Goldmann Verlag, München
in der Verlagsgruppe Bertelsmann GmbH

Originaltitel: Diet & Salad
Umschlaggestaltung: Design Team München
unter Verwendung folgender Fotos:
Umschlag und Umschlaginnenseiten: ZEFA, Chr. Schmidt
Druck: Presse-Druck Augsburg
Verlagsnummer: 13681
Kö · Herstellung: Ludwig Weidenbeck
Made in Germany
ISBN 3-442-13681-1

7 9 10 8 6

Inhaltsverzeichnis

Vorwort

von Marilyn und Harvey Diamond

Bei allen Errungenschaften gibt es immer eine große Anzahl von Menschen, die ihr Wissen und ihre Erkenntnisse mit anderen teilen, damit die Welt und das Leben verbessert werden kann. Manchmal erlangen solche Menschen weltweite Größe und Anerkennung für ihre Leistungen und werden noch zu ihren Lebzeiten berühmte Persönlichkeiten. Andere leisten ihren Beitrag im stillen und bleiben ihr Leben lang relativ unbekannt. Doch dann werden sie oft aufgrund der großen Bedeutung ihrer Verdienste in späteren Zeiten für die Menschheit berühmt, nachdem sie aus diesem Leben geschieden sind. So ein Mensch war *Dr. Norman W. Walker*.

Mehr als ein dreiviertel Jahrhundert lang stellte *Dr. Walker* Forschungen darüber an, wie man ein langes, gesundes, produktives Leben führen kann. Seine Fähigkeit, dieses manchmal etwas verwirrende Thema auf eine einfache Lebensformel zu bringen, die Millionen Menschen verstehen und nachvollziehen können, haben ihn und seine Bücher weltberühmt gemacht.

Wir hatten das große Glück, mit *Dr. Walker* brieflich zu korrespondieren. Seine Worte waren stets voller Liebe, Verständnis und einer reinen, unkomplizierten Einstellung zur Gesundheitsfürsorge, der es niemals daran mangelte, Zuversicht zu erwecken.

Seine Bücher sind eine ständige und häufig verwendete Nachschlagquelle in unserer Bibliothek.

Schon lange bevor gesunde Ernährung ein beliebtes Diskussionsthema wurde, riet *Dr. Walker* seinen Lesern zu einer Kost, die so wenig Fleisch- und Milchprodukte wie möglich enthält und ihr Hauptgewicht auf vollwertige, frische Lebensmittel aus dem Pflanzenreich legt. Heute ist der Verzehr frischer Frucht- und Gemüsesäfte, insbesondere in den USA, »der letzte Schrei«. Schon vor mehr als 50 Jahren wies *Dr. Walker* auf die vielen Vorteile hin, die der regelmäßige Verzehr solcher Säfte mit sich bringt.

Erfolg hinterläßt Spuren! Darüber besteht kein Zweifel. Jeder kann Erfolg haben, wenn er sich der Kraft bewußt ist, die in ihm steckt.

Dr. Walker, der selbst als bestes Beispiel für seine unkomplizierte und freie Lebenseinstellung lebte, war sein ganzes Leben lang aktiv und enthusiastisch. Was er täglich tat, und das bis zu seinem Tode, als er friedlich und ohne Schmerzen im Schlaf verschied. Er wurde 116 Jahre alt! Ja, *Erfolg hinterläßt in der Tat Spuren*.

Harvey & Marilyn Diamond

Einführung

Der Mensch ist oft starrsinnig, dickköpfig und verstockt. Er weigert sich, Tatsachen anzuerkennen, und er kümmert sich meistens nicht um Erfahrungen und wendet nicht seinen gesunden Menschenverstand an.

Es erscheint unverständlich, daß intelligente Menschen Opfer von Behauptungen und Erklärungen werden, die nichts weiter als den Zweck haben, falsch zu informieren und zu verleiten.

Die Natur hat den Menschen mit allem ausgestattet, seinen Körper von der Geburt bis ins hohe Alter gesund zu erhalten, was Freude, Energie, Kraft und Vitalität und ein glückliches, langes Leben einschließt. Hierfür ist nur wenig erforderlich. Das wichtigste sind natürliche Lebensmittel.

Das Geheimnis eines erfüllten Lebens liegt in richtiger Ernährung, verbunden mit ausreichender Ruhe und der Beherrschung der Gefühle. Das ist wirklich kein Geheimnis!

Dieses Jahrhundert hat eine große Zahl an Forschungs–, Produktions- und Marketingsorganisationen hervorgebracht, deren einziges Ziel Gewinn ist, den man dadurch erwirtschaftet, daß natürliche Lebensmittel bearbeitet, verarbeitet, »veredelt«, billig hergestellt und zum höchsten Preis verkauft werden, der auf dem Markt erzielbar ist.

Die uninformierte, leichtgläubige Öffentlichkeit, die gar nicht mehr weiß, woraus ursprüngliche, natürliche, richtige Nahrung besteht, akzeptiert die Beeinflussung und die Fehlinformationen durch die Werbung und kauft ihre Nahrung blindlings. Daß solche Nahrung eine Kettenreaktion von Krankheitserscheinungen hervorrufen kann, statt den Körper sinnvoll zu ernähren, wird völlig unbeachtet gelassen. Dies hat dazu geführt, daß die zivilisierten Nationen zu den bestgenährten und doch unterernährtesten, schwächlichsten und kränksten Nationen geworden sind, die die Welt je gesehen hat.

Endlich zeigt sich nun aber doch ein schwaches Licht. Die heutige Jugend durchschaut die Täuschungsmanöver und versucht, ihnen zu widerstehen. Menschen, die ihr ganzes Leben lang Irrlehren gefolgt sind und glauben, daß Medikamente, Pillen und subkutane Injektionen Allheilmittel sind; Menschen, die gewohnheitsmäßig – oftmals jahrelang ohne Unterbrechung - unnötige Besuche bei Ärzten gemacht haben, in die sie vergebens ihre Hoffnungen und ihren Glauben gesetzt hatten, diese Menschen stellen heute zu ihrer Überraschung und Verwunderung fest, daß die einfachen Methoden der Natur die Arzneien des Schöpfers sind, die uns heilen, wenn wir krank sind.

Anatomie des Menschen

Meiner Meinung nach ist Anatomie das wichtigste aller Fächer, was aber in den Grundschulen nicht gelehrt wird.

Diese Skizze habe ich diesem Buch als Leitfaden und zum Nachschlagen vorangestellt.

Die Zahlen zeigen an, wo sich die verschiedenen Organe befinden.

1. **Stirnhöhle** hinter der Stirn über den Augen, wo sich Schleim ansammelt, wenn wir übermäßige Mengen an konzentrierter Stärkenahrung essen und zuviel Milch trinken.
2. Die **Hirnanhangdrüse** befindet sich unmittelbar hinter und kurz unter dem Sattel der Nase.
3. **Zirbeldrüse** – im Mittelhirn, hinter der Hirnanhangdrüse, etwas über ihr.
4. **Zunge** – eines der »bösartigsten« Organe des menschlichen Körpers.
5. Die »**Medulla Oblongata**«, die Nerven-»Telefonzentrale«, befindet sich im unteren mittleren Teil des Kopfes zwischen der Oberlippe und der Schädelbasis, genau über dem Atlas, dem ersten Halswirbel.
6. Die **Ohrspeicheldrüse**, die anschwillt und Mumps verursacht, vor allem dann, wenn Kinder und Heranwachsende übermäßig Stärkenahrung und Süßigkeiten essen.

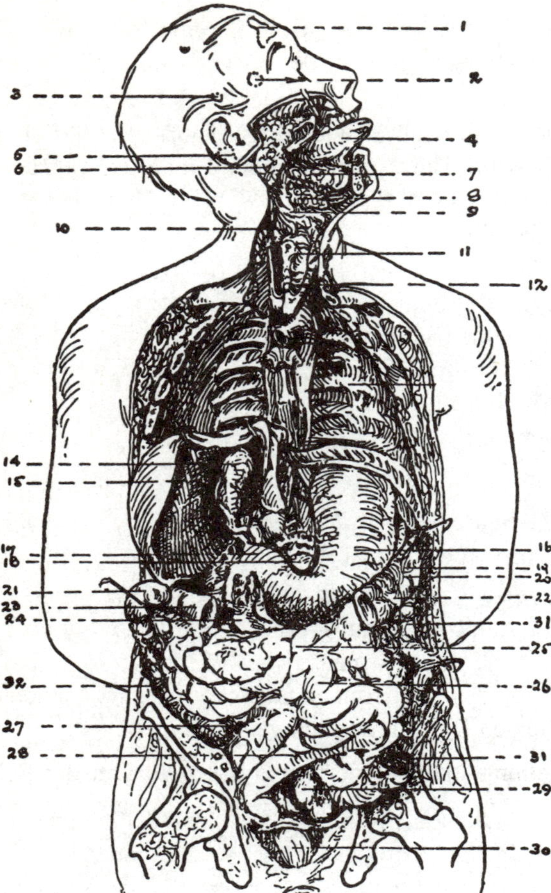
1
2
3
4
5
6
7
8
9
10
11
12
14
15
17
16
18
19
20
21
22
23
31
24
25
32
26
27
28
31
29
30

7. **Unterzungendrüse**
8. **Unterkieferdrüse**
9. **Kehlkopfdeckel**
10. **Rachen**
11. **Schilddrüse**, eine der wichtigsten Drüsen des Körpers. Sie benötigt jodhaltige Nahrung, um richtig zu arbeiten. Bei unzureichender Ernährung entsteht ein Kropf.
12. **Kehlkopf**.
13. Die **Milz** befindet sich hinter Nr. 19. An dieser Stelle hinter den Rippen sind die Lungen; hinter den Lungen befinden sich der Magen, die linke Krümmung des Dickdarms, die Milz, die Spitze der Bauchspeicheldrüse und die linke Niere.
14. **Gallenblase** – sehr wichtige und doch viel mißbrauchte Drüse. Die Leber (Nr. 15) wurde in diesem Bild angehoben, um die Gallenblase sichtbar zu machen. Ihr Ausführungsgang führt in den Zwölffingerdarm (Nr. 24), um die Därme mit Galle zu versorgen. Die Entfernung einer Gallenblase (anstatt den Organismus auf natürliche Weise zu reinigen) beraubt den Betroffenen der natürlichen Vorrichtung, die den Darm gründlich versorgen soll.
15. **Leber** – das wunderbarste Laboratorium der Schöpfung. Geschaffen von der Natur, um durchschnittlich etwa 40 bis 50 Jahre Mißbrauch von Geburt an zu überstehen, bevor eine spürbare und gewöhnlich unangenehme Auflösung einsetzt.

16. **Magen** – Organ, das den Menschen beherrscht, solange er nicht lernt, es zu beherrschen.

17. **Magenpförtner** zwischen Magen und Zwölffingerdarm.

18. **Bauchspeicheldrüse** – Drüse, die den Körper in die Lage versetzt, natürlichen Zucker (wie man ihn in rohen Früchten und Gemüse findet) zu verwerten, und die zusammenbricht, wenn raffinierter Zucker und Stärkenahrung im Übermaß verzehrt werden – dann entsteht Diabetes.

19. Die linke Krümmung des **Dickdarmes** oder die Biegung des Dickdarmes, die vom querverlaufenden Dickdarm (Nr. 22 und Nr. 23) zum absteigenden Dickdarm (Nr. 31) führt.

20. Die ungefähre Lage (weiter hinten) der **Nieren**.

21. Die rechte Krümmung des **Dickdarmes**, die vom aufsteigenden Dickdarm (Nr. 32) zum querverlaufenden Dickdarm (Nr. 22 und 23) führt.

22./23. Der querverlaufende **Dickdarm** wird häufig zum gasgeblähten Ballon, wenn angespannte Nerven oder Verstopfungen mit Abfallmassen in den Darmkrümmungen (Nr. 19 und 21) das Gas daran hindern, sich auszudehnen und ausgeschieden zu werden. Als Folge falscher Ernährung verliert dieser Dickdarmabschnitt leicht seinen Tonus und hängt schlaff durch, woraus das entsteht, was man bildhaft als Vorfall bezeichnet.

24. **Zwölffingerdarm** oder der »zweite Magen«, wo die alkalischen Verdauungsvorgänge oft gestört werden

durch saure oder säurebildende Nahrungsmittel mit konzentrierter Stärke oder konzentriertem Zucker, was häufig zu Schleimhautgeschwüren führt, über die manche stolz als ihr »Zwölffingerdarmgeschwür« berichten.

25. Gebiet des **Solarplexus** (Sonnengeflecht).

26. **Dünndarm** – etwa 5 Meter ständige Beschwerden, früher oder später, für diejenigen, die essen, was sie wollen und wann sie wollen.

27. **Appendix** (Wurmfortsatz), diese wunderbare Sicherheitsdrüse, deren Sekret gasbildende Bakterien und andere schädliche Spaltpilze daran hindert, aus dem Dünndarm in den Dickdarm zu gelangen. Einst bekannt als Gesprächsthema der Gesellschaft und auch als Dividendenbringer für Ärzte, hat man ihm in letzter Zeit erlaubt, normaler zu arbeiten, seitdem häufiger Klistiere und fachmännische Darmspülungen durchgeführt werden.

28. Die **Blase** ist in diesem Bereich.

29. **Grimmdarmkrümmung** (Sigma) des Dickdarms, die vom absteigenden Dickdarm (Nr. 31) zum Mastdarm (Nr. 30) führt.

30. **Mastdarm**, die Kläranlage des Körpers, die bei Bedarf mit Klistieren und Darmspülungen ausgewaschen werden sollte.

31. Absteigender **Dickdarm**.

32. Aufsteigender **Dickdarm**.

Organische Nahrung und Enzyme

Was schätzt der Mensch über alles andere?
Sein **Leben**!

Leben ist etwas, was kein Wissenschaftler, Chemiker, Erfinder oder sonst ein Mensch jemals erschaffen konnte.

Leben ist das alleinige und ausschließliche Vorrecht des allmächtigen Gottes, unseres Schöpfers. Gott hat den Menschen jedoch das Vorrecht gegeben, einen freien eigenen Willen zu haben.

Selbsterhaltung ist das Ziel des Mannes, der Frau und des Kindes. Sogar ein Kind kann verstehen, daß man nicht gleichzeitig lebendig und tot sein kann. Leben zeugt Leben, und auf keine andere Weise kann Leben hervorgebracht werden!

Ist es aufgrund dieser Tatsachen nicht intelligent, vernünftig, klug und weise daran zu denken, daß die Erneuerung des Lebens in Ihrem Körper auch aus dem Lebendigen kommen muß, also aus **lebendiger Nahrung**? Leuchtet es nicht ein, daß das Leben in der Nahrung Eigenschaften und Fähigkeiten hat, das Leben in den Zellen und Geweben unseres Körpers täglich zu erneuern und aufzufrischen?

Wie kann man Leben essen? Natürliche Lebensmittel in ihrem natürlichen, rohen Zustand enthalten Leben.

Lebensmittel, die reich an **Enzymen** und auf richtigem Boden gewachsen sind, sind organische Nahrung. Nahrung, deren Enzyme durch Hitzebehandlung zerstört wurden, ist anorganisch.

Lassen Sie mich die Bedeutung von **organisch** und **anorganisch** verdeutlichen: Ich benutze den Begriff »organisch« für Nahrung, die aus unbehandeltem Samen auf einem Boden gewachsen ist, der aufgrund richtiger Kompostierung und Verzichts auf chemische Düngemittel und Schädlingsbekämpfungsmittel reich an Regenwürmern ist.

Natürlich ist jede rohe Nahrung organisch; aber nicht jedes rohe Lebensmittel ist organisch angebaut worden!

Organisch angebaute Nahrung ist viel wertvoller. Es dauert Jahre, einen erschöpften oder chemisch vergifteten Boden wieder zu kultivieren. Der Zustand vieler Böden bestimmt die Zahl der Jahre, die notwendig sind, um ihn durch Kompost und durch organischen Landbau wieder in einen Zustand natürlicher **Fruchtbarkeit** zu versetzen. Nur dann ist der Boden wirklich geeignet, mit Samen bepflanzt zu werden, die schöne und gesunde Pflanzen hervorbringen, die gegen Schädlinge, Bakterien und Krankheiten geschützt sind – genauso wie ein gesunder Körper gegen Krankheiten geschützt ist.

Der Grund dafür, daß wir heute so viele Krankheiten haben, ist nicht alleine auf das derzeitige Vermarktungssystem zurückzuführen, das so große Mengen minderwertiger Nahrung produziert, sondern auch darauf, daß unser Boden krank ist, weil ihm die richtige Pflege und Nahrung fehlen.

Gesunder Boden = gesunde Nahrung = gesunder Körper

Da Enzyme die Grundlage unserer Ernährung bilden, sollten wir bei der Auswahl unserer Nahrung zuerst an sie denken. Es sind keine Substanzen, die der Mensch bilden kann, noch können sie künstlich hergestellt werden.

Enzyme sind das Lebensprinzip in allen lebenden, organischen Zellen, sei es, daß sie Bestandteile von Pflanzen sind oder von menschlichen oder tierischen Körpern.

Nur Gott kann Leben erschaffen. Infolgedessen kann auch nur Gott Enzyme erschaffen.

Die Enzyme im Körper geben jeder Zelle und jedem Gewebe sowie ihren Funktionen den aktivierenden Funken, solange der Körper lebt. In dem Moment, wo der Körper stirbt, löst sich das Leben auf, das durch seine Enzyme symbolisiert wird, und von da an sind die Zellen und Gewebe, aus denen der Organismus besteht, nicht mehr der Erneuerung unterworfen und beginnen sich zu zersetzen.

Enzyme in Ihrer Nahrung sind das Leben in den Atomen und Molekülen, aus denen sich die Nahrung zusammensetzt.

Wissen Sie, daß Ihr Körper eine Kläranlage besitzt?

Ich will es offen und ehrlich sagen: Niemand kennt alle Antworten. Trotzdem kann die allerbeste Ernährung nicht besser sein als die allerschlechteste, wenn das Abfallbeseitigungssystem – die Ausscheidungsorgane in Ihrem Körper – von einer Ansammlung aus Abfall- und Zersetzungsstoffen blockiert wird.

Dies ist ein ganz wichtiger Aspekt des Ernährungsproblems, der gewöhnlich übersehen wird. Ich rede von der Ausscheidung der Abfallstoffe aus dem Körper durch den Dickdarm.

Wenn wir zwei, drei oder mehr Mahlzeiten am Tag zu uns nehmen, ist es unmöglich, daß sich im Dickdarm keine Rückstände in Form von unverdauten Nahrungsteilchen ansammeln sowie von Endprodukten aus verdauter Nahrung.

Außerdem sammelt sich nicht nur Abfall aus der Nahrung im Dickdarm an, sondern ebenso Millionen von toten Zellen und Gewebeteilen, die ihren Zweck erfüllt haben und erneuert werden. Diese Zellen und Gewebe sind tote Eiweißstoffe von äußerst giftiger Natur, wenn sie gären und faulen. Sie kennen sicher den aufdringlichen Geruch, der dem Körper eines Tieres entströmt, das gestorben ist und dessen Kadaver sich zersetzt. Die Zellen und Gewebe des menschlichen Körpers erfahren unter »entsprechenden« Bedingungen die gleiche Zersetzung. Die Bedingungen sind günstig, wenn ihnen gestattet wird, länger als nötig im Dickdarm zu verweilen.

Der eigentliche Zweck des Dickdarms als Ausscheidungsorgan ist es, sämtlichen gärenden und faulenden Abfall aus jedem Teil des Körpers aufzunehmen und durch die wellenförmigen Muskelbewegungen (die Peristaltik) allen festen und halbfesten Abfall aus dem Körper zu befördern. Einfach ausgedrückt: Der Dickdarm ist die Kläranlage des Organismus. Die Naturgesetze der Erhaltung und der Reinigung verlangen, daß diese Kläranlage regelmäßig gesäubert wird. Bei Zuwiderhandlung drohen zahllose Gebrechen und Krankheiten als Strafe, die so sicher entstehen, wie die Nacht dem Tag folgt, wenn man Abfallstoffen erlaubt, sich anzusammeln.

Kennen Sie mein **Schaubild der Dickdarmtherapie**? Es ist ein Schaubild, das etwa 42 mal 30 Zentimeter groß ist, das Sie rahmen und an die Wand Ihres Hauses oder Büros hängen können, damit Ihre Familie, Ihre Freunde und Ihre Kunden beginnen, über ihren Körper nachzudenken. Ein Teil dieses Schaubildes ist hier wiedergegeben. Es zeigt die Form, die ein normaler Dickdarm haben sollte. Das ist nur die eine Hälfte des Schaubildes; auf der anderen Hälfte, neben dem »vollkommenen« Dickdarm, zeige ich sechs Skizzen, die den Röntgenaufnahmen der Dickdärme von sechs meiner Patienten entnommen sind. Es ist wirklich fürchterlich, sie zu betrachten – aber sie sind lehrreich und aufschlußreich! Die erste Äußerung, die von Leuten kommt, die diese Skizzen sehen ist: *»O, mein Gott! Kann es sein, daß mein Dickdarm auch so aussieht?«*

Die Reinigung können Sie wirksam zu Hause selbst vornehmen, indem sie einen Klistierbeutel aus Gummi und ein 75 Zentimeter langes Rektal-(Dickdarm-)Rohr benutzen. Eine genaue Beschreibung dieses Verfahrens befindet sich in meinem Buch *»Auch Sie können wieder jünger werden«* und in dem Buch *»Frische Gemüse- und Fruchtsäfte.«* Diesen Büchern können Sie außerdem entnehmen, wie sie Darmspülungen anwenden und welchen Nutzen sie haben.

Den Dickdarm nicht zu reinigen, ist genauso, als ob die Müllabfuhr in Ihrer Stadt tagelang ohne Unterbrechung streikt! Die Anhäufung von Abfall auf den Straßen führt zu faulig riechenden ungesunden Gasen, die nach draußen entweichen. Gärung und Fäulnis angesammelter Abfall- und Zersetzungsprodukte erzeugen giftige Gase.

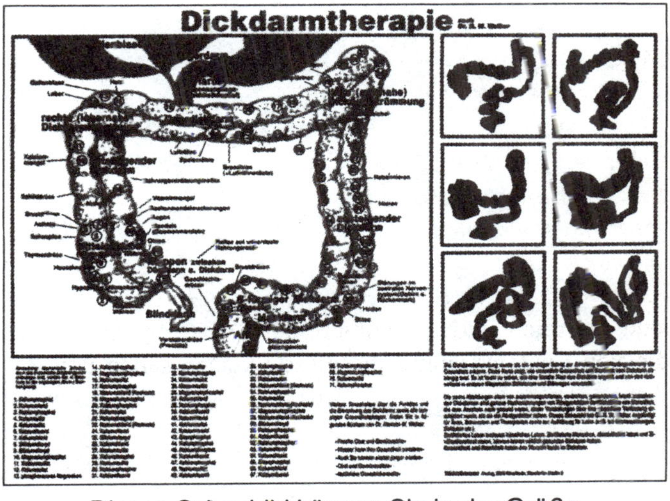

Dieses Schaubild können Sie in der Größe von 42 x 30 cm beim Waldthausen Verlag bestellen.

Dickdarmnerven beeinflussen jeden Teil des Körpers

Wenn Sie erkennen, daß jede Dickdarmtasche mit Nervenenden ausgestattet ist, die von jedem Teil des Körpers ausgehen, mit Verbindungen zu jedem Teil des Drüsensystems, dann werden Sie die beigefügten Skizzen aufschlußreich finden und über die folgenden Absätze gründlich nachdenken.

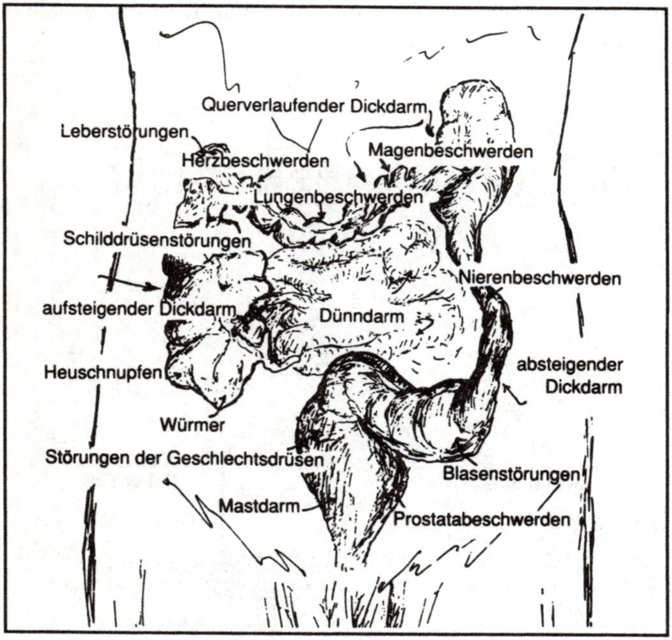

Wer seinen Dickdarm vernachlässigt, hat echte Probleme!

Ich kannte einen »Mann mit Problemen« sehr gut. Er war ein intelligenter und gebildeter Chemiker. Er bezeichnete jeden Vorschlag als lächerlich, den ich ihm machte, als ich ihm riet, seinen Körper zu reinigen und seine Ernährung umzustellen.

»Nein«, sagt er, *»Gott hat alle Nahrungsmittel geschaffen, damit der Mensch sie ißt, und ich werde weiter alles essen, was mir schmeckt, solange ich lebe.«* Nun, er starb im Alter von 45 Jahren. In meinem Buch *»So können auch Sie wieder jünger werden«* habe ich diesen Fall näher beschrieben. Er zeigt, was genau mit ihm geschah und warum es geschah.

Für Uneingeweihte hört es sich vielleicht lächerlich an, wenn ich behaupte, es gebe eine Wechselbeziehung zwi-

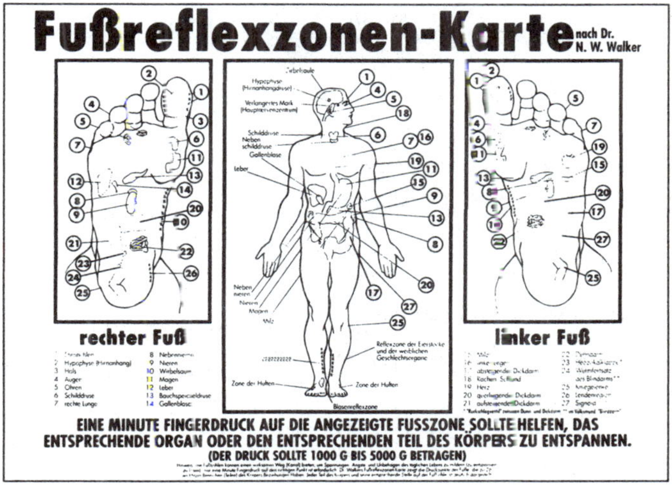

Dieses Schaubild können Sie in der Größe
von 42 x 30 cm beim Waldthausen Verlag bestellen.

schen den Nerven in einem Teil des Körpers und einem anderen entfernten Teil. Aber gerade dies ist der Fall. Das **Schaubild über Fußakupressur** zeigt deutlich die Verbindungen zwischen dem Fuß – besonders den Fußsohlen – und anderen Körperteilen vom Kopf zu den Füßen über das Nervensystem.

Die Fußreflexzonen-Behandlung, mit der man viele körperliche Störungen lindern kann, indem man mit den Fingern auf die Fußsohlen drückt, ist eine anerkannte Therapie geworden.

Woraus besteht Ernährung?

Ein großes Problem der Welt ist ohne Zweifel die Unterernährung. Die zivilisierten Völker sind ebensosehr von Unterernährung betroffen wie die elendsten Völker, die im Zustand des Hungers oder am Rande des Hungers dahinvegetieren. Diese Zivilisationserscheinungen existieren trotz eines Überangebotes an Nahrung.

Das Problem resultiert daraus, daß die Menschen Nahrung bevorzugen, die »gut« schmeckt und besonders werbewirksam angeboten wird.

Zu viele Nahrungsmittel, die heute gegessen werden, sind minderwertig im Hinblick auf die wichtigsten und notwendigsten Wirkstoffe.

Die wichtigsten Nährstoffe sind **Enzyme**. Enzyme sind nicht nur in rohen Pflanzen, sondern auch im menschlichen Körper vorhanden und an allen Aktivitäten und Funktionen beteiligt.

Enzyme sind empfindlich gegen hohe Temperaturen. Bis etwa 50° C sind sie am wirksamsten, und sie werden inaktiv bei Temperaturen von -45° C bis -50° C. Werden Sie einer Temperatur von über +55° C ausgesetzt, sterben sie.

Tote Materie kann nicht die Aufgaben von lebendigen Organismen erfüllen, infolgedessen verliert Nahrung, die Temperaturen über 55° C ausgesetzt wird, ihren Nährwert. Solche Nahrung kann zwar das Leben im menschlichen Körper erhalten, und sie tut es auch, aber dies geschieht auf Kosten eines zunehmenden Abbaus der Gesundheit, der Energie und der Vitalität.

Dieser Zustand wird anschaulich, wenn ein Bauer sein Kalb mit pasteurisierter Milch füttert. Pasteurisierte Milch wird auf eine Temperatur von ca. 80°C erhitzt, um Bakterien zu zerstören. Aber es werden auch alle Enzyme in der Milch abgetötet. Kälber, die mit pasteurisierter Milch gefüttert werden, sterben innerhalb von sechs Monaten!

Jede Pflanze, jedes Gemüse, jede Frucht, jede Nuß und alle Samen setzen sich in ihrem rohen, natürlichen Zustand aus Atomen und Molekülen zusammen, und sie sind ohne Ausnahme mit Enzymen gesättigt. Atome und Moleküle, die den menschlichen Körper bilden, entsprechen den Atomen und Molekülen in der Nahrung, die wir essen, und sie stehen mit ihnen in synergistischer Verbindung. Aufgabe und Zweck der **Ernährung** ist es, Atome und Moleküle zu ergänzen und zu erneuern, aus denen sich die Zellen und Gewebe des Körpers zusammensetzen.

Aufgrund der bewußten und unbewußten Aktivitäten unseres Körpers verbrauchen wir beträchtliche Mengen an Energie. Diese Energie wird von den Enzymen in den Molekülen der Zellen und Gewebe geliefert. Wenn die Enzyme in diesem Prozeß ihre Aufgabe erfüllt haben, werden die daran beteiligten Zellen ausgesondert, sie werden automatisch an den Blut- und Lymphstrom weitergereicht und in den Dickdarm befördert und als Abfall ausgeschieden.

Sobald diese Zellen verbraucht sind, werden sie durch neue Zellen ersetzt, die aus der verzehrten Nahrung aufgebaut werden, wodurch der Kreislauf aufrechterhalten wird. Es hängt von der Qualität dieses Austausches ab, ob wir Gesundheit, Energie und Vitalität aufbauen – oder das Gegenteil.

Angesichts dieser Tatsache ist es offensichtlich, daß Krankheiten und vorzeitige Alterung die Folge unserer Versäumnisse sind, d. h., wenn wir unseren Körper nicht mit der Nahrung versorgen, mit der die Zellen und Gewebe unseres Blutes und unseres Nerven- und Muskelsystems regeneriert werden.

Die Tätigkeit unseres Verdauungssystems findet dank der Enzyme statt, die in jedem lebenden Atom und Molekül vorhanden sind, aus denen sich die Zellen und Gewebe unseres Körpers zusammensetzen, und die folglich an allen Leistungen und Funktionen des menschlichen Organismusses beteiligt sind. Enzyme sind Moleküle, die **neben** anderen Molekülen **in der Zelle** vorhanden sind.

Innerhalb des menschlichen Körpers gibt es komplizierte »Laboratorien«, in denen lebenswichtige Substanzen erzeugt werden. Diese »Laboratorien« bilden das **endokrine Drüsensystem**. Man kennt diese lebenswichtigen Substanzen als **Hormone**, die durch Osmose unmittelbar ins Blut gelangen. Das Vorhandensein von Enzymen in jeder Drüse machen diesen Transfer möglich.

Die wichtigste Komponente dieser Hormone ist neben ihren Enzymen die Vielzahl von **Spurenelementen**, die weder wahrnehmbar noch feststellbar und unsichtbar sind, außer mit Hilfe extrem leistungsfähiger Mikroskope oder anderer wissenschaftlicher Geräte.

Bis vor kurzem kannte man diese Spurenelemente nicht einmal. Heute wissen wir, daß es wenigstens 43 dieser Spurenelemente gibt, zusätzlich zu den 16 Elementen, aus denen sich die Materie hauptsächlich zusammensetzt.

Wir wissen heute, daß wenigstens 59 Elemente den

menschlichen Körper, seine Funktionen und Tätigkeiten bilden, und wir wissen auch, daß jedes Fehlen irgendeines oder mehrerer dieser Elemente oder jedes Ungleichgewicht einen unmittelbaren Einfluß auf die Gesundheit des Menschen hat.

Eine Liste dieser Spurenelemente ist in meinem Buch *»Frische Gemüse- und Fruchtsäfte«* enthalten, und ich brauche sie hier nicht zu wiederholen. Es ist jedoch lebenswichtig, daß diese Elemente im Körper ständig ergänzt und im Gleichgewicht gehalten werden. Folglich sollten wir jeden Tag ausreichend frische und rohe Lebensmittel essen, die reich an diesen Elementen sind, damit wir uns einen ausgeglichenen und gesunden Körper bewahren.

In meiner Familie versuchen wir, täglich zwei oder drei der folgenden Lebensmittel zu essen, die praktisch alle 59 Wirkstoffe enthalten:

Alfalfa, Rüben, Kohl, Paprika, Karotten, Mais, Gurken, Rotalgen, Haselnüsse, Artischocken, Seetang, Mungobohnen, Oliven, Papayas, Piniennüsse, Kürbiskerne und Brunnenkresse.

Ich muß allerdings darauf hinweisen, daß Hybridpflanzen (gekreuzte, gezüchtete Mischpflanzen) meistens arm an Spurenelementen sind, vor allem Mais. Wir vermeiden, wenn möglich, Hybridgewächse (Kulturpflanzen) zu essen.

Natürlich enthalten alle anderen Lebensmittel, die hier nicht aufgeführt sind, ebenfalls Spurenelemente, aber gewöhnlich in geringeren Mengen, so daß wir, wenn wir viel frisches rohes Gemüse sowie Salate und Früchte essen, ziemlich sicher sein können, daß wir die ganze Palette der Spurenelemente und anderer Wirkstoffe bekommen, die der Organismus braucht.

Etwas, was ich für wichtig halte, ist **Meerwasser**. Wir verwenden »Catalina-Meerwasser«, das wir in Reformhäusern bekommen. Es kommt aus dem pazifischen Ozean, viele Kilometer westlich der kalifornischen Küste in der Nähe der Catalina-Inseln. Wir haben festgestellt, daß es Wasser ist, das alle 59 Wirkstoffe enthält. Wir tun nur etwa 1/4 Teelöffel täglich davon in ein Getränk, und fügen es auch unseren Salaten hinzu.

Eine Warnung ist jedoch angebracht: Nehmen Sie kein Wasser, das aus einem salzhaltigen Binnensee stammt. Wir haben festgestellt, daß dieses Wasser nicht nützlich ist. Im Gegenteil – es kann zu Störungen im Organismus führen.

Samen

Samen gehören zu den Grundnahrungsmitteln. Wären wir imstande, uns das kosmische Prinzip vorzustellen, würden wir das Bild eines Samens erhalten. Der Samen enthält im Embryonalzustand den gesamten Plan der Atome, Moleküle, Zellen und Gewebe, die als Pflanze erscheinen.

In seiner natürlichen, unbehandelten, unverarbeiteten Form sind Samen reich an Enzymen. Sie bestehen aus Eiweiß, Kohlenhydraten und Fetten, die relativ leicht verdaulich sind, wenn man sie richtig zubereitet. (Keimen oder fein mahlen).

Wenn Samen keimen, beweist dies, daß sie von kosmischem Leben erfüllt sind.

Alle lebensspendenden Wirkstoffe, die für die Aufrechterhaltung und Verbreitung von Leben notwendig sind, befinden sich in den winzigen Samen.

Jeder Stoff und jedes Mineral, das ein Gemüse, eine Pflanze oder ein Baum enthält, war in seiner ganzen Wirksamkeit im Samen vorhanden. Samen sind für die Vollwertigkeit der Ernährung lebenswichtig, so daß wir versuchen sollten, immer einige davon in der einen oder anderen Form zu essen. Samen sind jedoch ein konzentriertes Lebensmittel, und man sollte von ihnen nur kleine Mengen auf einmal essen. Samen liefern mehr wirkliche, aufbauende Nahrung als Fleisch, und sie können besonders gut mit anderen Lebensmitteln kombiniert werden, wenn man sie keimen läßt. Alle Samen und ihre Keimlinge zählen zu den reichsten Eiweißquellen und sind außerdem reich an Kalzium und Magnesium.

Hybridsamen sollten Sie meiden, da ihre Ausgewogenheit gestört und ihr Nährwert infolgedessen beeinträchtigt ist. Es ist besser, Nüsse und Samen in einem Reformhaus oder Naturkostladen zu kaufen oder direkt vom Erzeuger, der organischen Anbau betreibt.

Gekeimte Samen

Wir versuchen, frischgekeimte Samen jeden Tag bei einer oder mehreren Mahlzeiten zu servieren. Alfalfa, Mungobohnen und manchmal Linsen sind die Keimlinge, die wir abwechselnd verwenden. Sie können jedoch selbst experimentieren und herausfinden, was Ihnen am besten schmeckt, und dabei Ihren Speiseplan vielfältiger gestalten und mit zusätzlichem Nährwert bereichern.

Es werden viele Keimgeräte verkauft, mit denen man Keimlinge aus Samen herstellen kann. Wenn Sie nur eine kleine Menge Samen keimen lassen wollen, können Sie ein Literglas benutzen. Reformhäuser und Naturkostläden bieten unterschiedliche Keimgeräte aus Keramik, Glas, Plastik und rostfreiem Stahl an. Ich empfehle Glas- oder Keramikkeimgeräte.

Für Alfalfa- oder Mungobohnensprossen verwenden wir zwei Eßlöffel Samen aus dem Reformhaus, deren Keimfähigkeit garantiert wird. Bereiten Sie die Samen vor, indem Sie sie auf einem großen Teller verteilen, und entfernen Sie alle angebrochenen Samen, da diese nicht keimen, und alle Steinchen, die Sie eventuell darin finden. Schütten Sie die Samen dann in ein feinmaschiges Teesieb und waschen Sie sie gründlich unter fließendem kaltem Wasser aus dem Wasserhahn. Schütten Sie zwei Eßlöffel Mungobohnen in ein Literglas und zwei Eßlöffel Alfalfasamen in ein anderes Glas, fügen Sie jeweils einen halben Liter lauwarmes Wasser hinzu, decken die Gläser zu und lassen die Samen über Nacht einweichen.

Am nächsten Morgen schütten Sie das Wasser ab, spülen einmal mit kaltem Wasser, schütten alles Wasser ab.

Achten Sie darauf, daß die Samen nicht austrocknen – sie müssen feucht bleiben, damit sie keimen können. Gewöhnlich reicht es aus, sie zweimal täglich zu spülen, aber bei heißem Wetter im heißen Klima können vier oder fünf Male erforderlich sein. Wo die Atmosphäre eine Menge Feuchtigkeit enthält, können sie zur Schimmelbildung neigen.

Kleine Samen brauchen länger zum Keimen, daher kann es vier oder fünf Tage dauern, bis Alfalfasprossen zum Verzehr bereit sind, während Mungobohnensprossen in zwei oder drei Tagen fertig sind. Wenn sie die Größe erreicht haben, die Ihnen am liebsten ist, legen Sie die Gläser, wenn möglich, ins volle Sonnenlicht vor ein Fenster und drehen Sie sie regelmäßig, bis sich auf jeder Seite kleine grüne Blätter an den Sprossen zeigen. Dann können Sie sie zwei- oder dreimal in kaltem Wasser spülen, sorgfältig trocknen, fest zudecken und im Kühlschrank aufbewahren, bis sie knakkig sind – dann sind sie köstlich. Ich glaube, daß die Samen etwas frische Luft brauchen, wenn sie keimen, darum stellen wir sie nicht in einen dunklen Schrank, sondern lassen sie in der Küche stehen und bedecken das Gefäß lediglich mit Papiertüchern oder einem sauberen Küchentuch, um übermäßiges Licht fernzuhalten. Dadurch wird das Wachstum der Keime beschleunigt.

Sobald ein Schwung Sprossen im Kühlschrank ist, können Sie mit einem weiteren beginnen und sind auf diese Weise ständig mit frischen grünen Sprossen versorgt. Man sollte sie sobald wie möglich verzehren. Wenn man sie zu lange im Kühlschrank läßt, verlieren sie ihren Geschmack. Wir versuchen, sie innerhalb von vier oder fünf Tagen zu verbrauchen. Die Erfahrung wird Sie lehren, welche Menge Ihre Familie verzehrt und wie oft Sie neue Samen keimen lassen müssen.

Sie sind köstlich, wenn man sie mit Salat mischt, wenn man sie allein ißt oder wenn man sie fein zerkleinert in einen Salat gibt. Sie sind auch als hübsche Garnitur auf einem Salat brauchbar. Diese Sprossen geben jeder Rohkostmahlzeit viel Substanz und zusätzlichen Nährwert und sind besonders gut für eine Familie mit Kindern.

Samen und Nußmilch

Wir benutzen Samen und Nußmilch anstelle von Sahne und Milch. Unser Lieblingsrezept ist:

2 Eßlöffel rohe, geschälte Sonnenblumenkerne,
12 ganze rohe Mandeln mit Haut,
1 Eßlöffel Sesamsamen.

Geben Sie alles in eine kleine elektrische Nuß- und Samenmühle, mahlen Sie es zu einem sehr feinen Pulver, schütten Sie es mit einem halben Liter warmem Wasser und einem Eßlöffel Honig in einen Mixer und mixen Sie es zwei oder drei Minuten lang gründlich bei hoher Geschwindigkeit. Dann ist die Mischung fertig, und Sie können sie über Ihr Frühstück verteilen.

Dies ist das Grundrezept, und Sie können es nach Ihrem Geschmack abwandeln. Wenn Sie es fester und mehr wie dicke Sahne haben möchten, nehmen Sie weniger Wasser. Sie können auch mehr oder weniger Honig verwenden, je nach dem, wie Sie es am liebsten haben. Wenn Sie es dünner und weniger fest haben wollen, fügen Sie mehr Wasser hinzu.

Diese Mischung ist köstlich zu einem Frühstück aus Bananenscheiben, eingeweichten Feigen und eingeweichten kernlosen Rosinen, frisch geriebene Karotten und Mungobohnensprossen. Darüber kann man eine Mischung aus Sonnenblumen- und Kürbiskernen mit rohen Mandeln streuen, die in der kleinen elektrischen Nuß- und Samenmühle zu Mehl gemahlen wurden. Ein großes Glas Karottensaft zu diesem Gericht ergibt ein nahrhaftes Frühstück, das selbst einen hart arbeitenden Mann sättigt.

Wie essen Sie richtig?

Ihnen mag es so vorkommen, daß ich von dem Verlust des Nährwertes bei gekochtem Gemüse und Früchten zuviel Aufhebens mache.

Die Anregungen in diesem Buch haben nicht den Zweck, den Verzehr ausschließlich roher Nahrung zu befürworten, auch nicht unbedingt den Verzicht auf Nahrung, die Sie am liebsten haben. Sie sollen vielmehr jeden, der dies tun will, in die Lage versetzen, mit dieser Ernährungsweise einen Versuch zu machen, um Müdigkeit zu vertreiben und Energie, Kraft und Vitalität zurückzugewinnen.

Ich veröffentliche diese Vorschläge auf Wunsch Tausender von Menschen, die mir bei meinen Vorträgen zugehört hatten. Sie haben mich gebeten, die Grundzüge der Kost und der Menüs zu veröffentlichen, an die ich mich jahrelang gehalten habe und denen ich meine unerschöpfliche Energie verdanke.

Ich empfehle als allgemeingültige Regel nicht, die Eßgewohnheiten vollständig und plötzlich zu ändern. Die Reaktionen darauf wären zwar nützlich und reinigend für den Körper, aber sie können vorübergehend Unbehagen verursachen.

Wenn die Willenskraft und die innere Stärke groß genug ist, werden überraschende und zufriedenstellende Resultate die Folge sein.

Unglücklicherweise haben wir uns in eine Richtung entwickelt, die ungeachtet der Folgen von schmerzstillenden Arzneimitteln sofortige Erleichterung sucht, anstatt uns für Methoden zu entscheiden, mit denen wir die Ursachen körperlicher Beschwerden beseitigen können, nämlich durch die langsameren und langweiligeren, aber entschieden wirksameren und beständigeren Verfahren, die helfen, den Körper zu reinigen, wieder aufzubauen und zu regenerieren, um unser Leben länger, vitaler und folglich lebenswerter zu machen.

Schlaflosigkeit ist ein alltägliches Leiden bei vielen Menschen. Die Folge ist, daß die Nachfrage nach Beruhigungsmitteln und Schlaftabletten aller Art – die unweigerlich Drogen enthalten – jeden Tag zunimmt. Jedes Medikament, das Schlaf hervorruft, führt zu Gewöhnung, ungeachtet der Werbung, die das Gegenteil behauptet; denn wenn die Gewöhnung nicht körperlicher Art ist, dann ist sie seelisch. Schlaflosigkeit ist auf Fehlernährung und Vergiftungszustände im Körper zurückzuführen, die auf das Nervensystem einwirken, so daß der Betreffende unfähig ist, den Schlaf herbeizuführen, solange dieser Zustand besteht.

Viele, die von Schlaftabletten abhängig sind, haben festgestellt, daß ein Becher frischer Grapefruitsaft vor dem Schlafengehen am Abend und gelegentlich ein Klistier zur Reinigung des unteren Darmbereichs hilft, ohne Tabletten und Pülverchen einzuschlafen. Andere haben festgestellt, daß ein Glas Sellerie- oder Salatsaft ebenso wirksam ist, wenn diese Säfte richtig gepreßt und frisch und roh getrunken wurden. Am besten ist eine Ernährungsumstellung, d.h. wenn konzentrierte Zucker- und Stärkenahrung gestrichen wird.

Richtige Lebensmittelkombination

Ich habe festgestellt, daß rohe Früchte und Gemüse mit wenigen Ausnahmen gut verträglich sind, wenn man sie zusammen ißt, sei es in einem Salat vermischt oder einzeln während derselben Mahlzeit.

Melonen aller Art sollten aber immer allein gegessen werden, die ganze Mahlzeit sollte also aus nichts anderem als Melonen bestehen.

Früchte sind die Reiniger des Körpers. Ihr höherer Kohlenstoffgehalt ist so etwas wie eine Müllverbrennungsanlage im Körper, da sie einen höheren Anteil an Eiweiß und einen etwas kleineren Anteil an Kohlenstoff (oder Kohlenhydraten) enthalten.

Früchte sollten Sie nur essen, wenn sie reif sind; denn bevor sie reif sind, hat sich der Zucker noch nicht vollständig gebildet, und darum rufen sie eine saure Reaktion im Organismus hervor. Reife Früchte, obgleich sie anscheinend sauer schmecken, rufen im Körper eine alkalische Reaktion hervor.

Es ist äußerst wichtig, folgendes nie zu vergessen: Wenn man irgendeine Art von raffiniertem Zucker oder irgendein Mehlprodukt, von welcher Art und in welcher Form auch immer, während derselben Mahlzeit mit Früchten ißt (außer Bananen, Datteln, Feigen oder Rosinen), entweder zusammen oder innerhalb von ein oder zwei Stunden, neigen der Zucker und die Stärke dazu, im Verdauungstrakt zu gären, und früher oder später wird eine chemische Reaktion, die Azidose genannt wird, oder ein saurer Zustand im Magen die Folge sein.

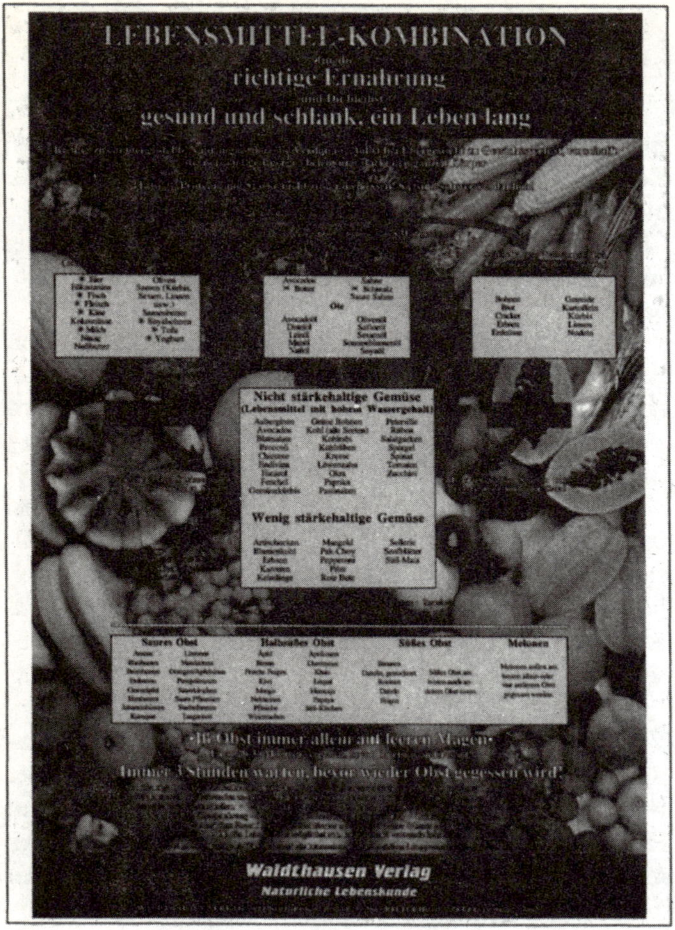

Diese »Lebensmittelkombinationstabelle« steht als Poster im Vierfarbendruck in der Größe von 30 x 46 cm zur Verfügung und kann beim Waldthausen Verlag bestellt werden.

Wie Sie essen und leben sollten

Zweck des Essens ist, die chemischen Elemente aufzufüllen, aus denen sich die Zellen und Gewebe unseres Körpers zusammensetzen. Regeneration ist eines der elementarsten Gesetze der Natur im Bereich der organischen Chemie, und unser Körper ist ein »Laboratorium«, das auf der Grundlage organisch-chemischer Prinzipien arbeitet.

Die Nahrung, die wir essen, soll Zellen und Gewebe ernähren. Die Natur hat dem Menschen einen so anpassungsfähigen Körper gegeben, was das Ertragen von Strapazen angeht, daß er jahrelang mit einer Nahrung überleben kann, die dem Körper schadet, selbst wenn sie seinem Appetit und seinem Gaumen zusagt. Darum frönt der Mensch seinem Appetit so lange, bis die Degeneration beginnt, sowohl geistig als auch körperlich.

Der Körper ist Träger des Geistes, und der Geist ist Träger des Verstandes. Der Verstand ist der Teil des Geistes, den wir benutzen, um zu beobachten und vernünftig zu denken.

Wenn Sie Ihren Körper erlauben zu degenerieren, können Sie nicht erwarten, daß Ihr Verstand richtig arbeitet oder sich konstruktiv entwickelt, da die geistigen und seelischen Fähigkeiten des Menschen in unmittelbarer Abhängigkeit von der Entwicklung, Regeneration und Reinheit des physischen Körpers wachsen und sich erweitern.

Wir betrachten Krankheiten als etwas Rätselhaftes und Furchtbares, und wir machen Bazillen, Bakterien und Viren dafür verantwortlich. In Wahrheit sind Bazillen und Bakterien die Aasfresser der Natur, und sie sind überall. Wenn wir atmen, inhalieren wir Millionen dieser kleinen natürlichen Aasfresser, und es ist ihre Aufgabe, den Abfall in unserem Körper zu neutralisieren und ihn so aufzubereiten, daß er vom Körper ausgeschieden werden kann. Es ist jedoch wichtig, daß wir unseren Körper in einem solchen Zustand zu erhalten, daß diese Ausscheidung reibungslos durchgeführt werden kann.

Wegen der übermäßigen Menge anorganischer Nahrung, die wir essen – Nahrung, in der das Lebensprinzip durch Kochen, Eindosen und andere Prozesse zerstört wurde –, sammelt sich dieser Abfall, das Endprodukt der Verdauung dieser Nahrung, im Körper schneller an, als wir und diese natürlichen Aasfresser ihn beseitigen können. Die Folge ist, daß Bazillen und Bakterien einen **Nährboden** in uns finden, in dem sie sich vermehren können. Im Verlaufe ihrer Vermehrung kommt Stoffwechselabfall ihrer Kolonien zum Müll dazu, und das Ergebnis ist das, was wir Krankheit nennen.

Wenn Bazillen und Bakterien in einen Körper gelangen, der sauber und gesund ist, innen wie außen, finden sie keinen Nährboden, auf dem sie sich ansiedeln könnten, und verlassen den Organismus wieder.

Ebenso ist es, wenn alle Abfallstoffe und alle angesammelten krankhaften Substanzen aus einem kranken Körper entfernt werden – dies ist dann nur der erste Schritt in Richtung auf eine Rückkehr zu einem normalen Gleichgewicht.

Wie kommen Abfallstoffe und krankhafte Substanzen in den Körper? Auf zwei verschiedenen Wegen.

Zunächst durch die Nahrung, die im Übermaß in anorganischer Form gegessen wird – z.B. gekocht – und die der Körper weder aufnehmen, noch richtig ausscheiden kann; und ferner durch unnatürliche Stoffe wie Seren, Impfstoffe, Injektionen usw. Diese verursachen Ablagerungen, die der Körper auf seinen normalen Wegen nicht hinausbefördern kann, wenn die Ausscheidungskanäle beeinträchtigt sind.

Zweitens durch die Zellen und Gewebe des Körpers, die während unserer Aktivitäten ständig verbraucht werden und als tote Materie zurückbleiben, nachdem sie körperliche und seelische Energie geliefert haben. Diese verbrauchten Zellen sollen den Körper so schnell wie möglich verlassen, nachdem sie ihre Aufgabe erfüllt haben, aber bei mangelhafter Ausscheidung verbleiben sie unnötig lange im Organismus.

Ich kann hier nur kurz auf die Gründe eingehen, warum eine richtige Ernährung von so vitaler Bedeutung ist. Nehmen wir zum Beispiel einen Menschen im Alter von 40 Jahren. Zweifellos hat er, wie die meisten seiner Mitmenschen, die Gewohnheit, wenigstens drei Mahlzeiten am Tag zu essen. Das sind mehr als 1000 Mahlzeiten im Jahr oder bis zu 40.000 Mahlzeiten während seines bisherigen Lebens. Wir wollen ferner annehmen, daß fast alle Nahrungsmittel, die er gegessen hat, gekocht, gebraten, eingedost und sonstwie verarbeitet waren und daß er nur selten, wenn überhaupt, rohe Nahrung oder eine Mahlzeit ißt, die ausschließlich aus rohen Salaten, Gemüse und Früchten besteht. Das Ergebnis ist also, daß in diesem Zeitraum mehr als 40.000 Mahlzeiten seinen Organismus durchlaufen haben, die hauptsächlich aus toter Nahrung (oder anorganischen chemischen Elementen) bestanden.

Für den Körper ist es unmöglich, organische Zellen mit anorganischer (oder toter) Materie zu bilden. Wir sehen, daß die 40.000 Mahlzeiten zwar den Zweck, das Leben zu erhalten, erfüllt haben, daß aber kaum eine Nahrung in organischem Zustand gegessen wurde, um die Zellen und Gewebe seines Körpers zu erneuern oder die chemischen Elemente zu liefern, aus denen die Zellen und Gewebe sich zusammensetzen.

Wir müssen erkennen, daß die Grenze der Belastbarkeit gewöhnlich bei 40 oder 50 Jahren erreicht ist, ein Alter, in dem Reife und Erfahrung gewonnen worden sind, ein Abschnitt im Leben, wo wir wissen sollten, was das Leben uns bringen wird, die wahre Blüte des Lebens. Es ist aber das Alter, bei dem die meisten Männer und Frauen feststellen, daß sie einen geschwächten Körper haben, degeneriert, unbrauchbar, der sich auf eine vorzeitige Senilität zubewegt.

Wir wissen, daß der Körper **Ballaststoffe (Faserstoffe)** braucht. Über die Funktionen dieser Ballaststoffe sind die meisten aber nicht im Bilde. Ballaststoffe in unserer Nahrung müssen sich aus der rohen Zellulose (den Fasern) von rohem Gemüse, Salaten und Früchten zusammensetzen, die soweit wie möglich in ihrem natürlichen Zustand gegessen werden sollten.

Wenn sie so gegessen und gründlich gekaut werden, können die vielen in den Fasern enthaltenen Substanzen bei der Verdauung herausgeholt werden. Der verbleibende Faserbrei passiert die Därme und wird, bildlich gesprochen, durch das muskulöse Kneten ihrer Peristaltik hochmagnetisch. Auf diese Weise zieht der Faserbrei aus jedem Teil des Körpers die verbrauchten Zellen und Gewebeteile in die Därme und nimmt sie ebenso wie andere Abfallstoffe auf. Faserstoffe wirken bei der Verdauung als Darmbesen oder auch als »Staubsauger«.

Wenn die Nahrung jedoch gebraten, gekocht oder verarbeitet wurde, werden die Faserstoffe oder die Zellulose in anorganische Substanz umgewandelt, d.h. jede Spur von Leben ist vernichtet worden. Die Faserstoffe sind leblos und können nicht mehr als Besen oder Staubsauger wirken. Sie wirken stattdessen wie ein (gewöhnlich verschleimter) Mop und werden durch den Darm ohne jede Reinigungswirkung geschoben. Tote Faserstoffe sind nicht mehr fähig, verbrauchte Zellen und Gewebe oder andere giftige Substanzen aufzunehmen.

Betrachten Sie diese beiden Bilder. Einerseits eine Überfülle an rohen Faserstoffen, die den Verdauungs- und Ausscheidungstrakt passieren, als Putzbesen und Staubsauger aktiv sind – nach jeder Mahlzeit, dreimal am Tag – die nicht nur jedesmal einen sauberen Darm hinterlassen, sondern auch angesammelte Abfallstoffe aus dem Körper befördern. Andererseits Ballast- oder Faserstoffe in gekochter oder denaturierter Form, die (fast immer in zu großen Mengen) die Därme und Ausscheidungsorgane passieren – dreimal am Tag, 40.000mal oder öfter in 40 Jahren – jedesmal **Schleimablagerungen** zurücklassend. 40.000 Schleimablagerungen hinterlassen zwangsläufig ihre Spuren, und seien sie noch so gering *(siehe auch Prof. Arnold Ehret »Die schleimfreie Heilkost«)*.

Der Mensch ist das einzige Wesen im Tierreich, das ungeachtet seiner angeblich höheren Intelligenz auf Kosten seines Körpers vorwiegend seinem Appetit nachgeht und ihn bewußt pflegt, ohne den gesunden Menschenverstand oder sein gutes Urteilsvermögen anzuwenden. Er lauscht lieber der Stimme der Verführung, die ihm einredet, Nahrung habe mit dem Zustand seines Körpers nichts zu tun.

Ohne Anwendung unserer Intelligenz ist es nicht verwunderlich, daß wir gerade dann, wenn wir das Alter erreicht haben, wo unser Wissen und unsere Erfahrung für uns von größtem Nutzen ist und wir wirklich endlich leben könnten, uns in einem körperlichen Zustand befinden, der fürs Altenteil, wenn nicht schon fürs Grab bereit ist.

Unser Problem ist zu wissen, wie wir unsere Eßgewohnheiten ändern müssen, um unseren Körper zu regenerieren, ohne viel Unbehagen und ohne Reaktionen, die für unsere Psyche oder für die Wechselfälle des täglichen Lebens zu belastend sind. Das versetzt uns in die Lage, einen gesunden Körper voller Vitalität und ohne Krankheiten zu erlangen.

Wir können feststellen, daß die Öffentlichkeit und die Medien jetzt allmählich den Wert der »Präventivmedizin« erkennen und viel darüber reden – ein Thema, das ich aufgrund meiner praktischen Erfahrungen schon seit mehr als einem halben Jahrhundert gepredigt habe.

Der erste Schritt ist **innere Reinheit**. Eine gründliche und ständige tägliche Ausscheidung ist unbedingt erforderlich. Bei unregelmäßigem Stuhlgang ist ein Klistier wertvoll. Es wird beschrieben im Kapitel über Entgiftung in meinem Buch *»Frische Gemüse- und Fruchtsäfte«* und in meinem Buch *»Auch Sie können wieder jünger werden«*.

Wenn Sie schnelle Ergebnisse wünschen, können Sie eine bessere und gründlichere innere Reinigung durch Darmspülungen erreichen, vorausgesetzt, sie werden richtig angewandt. *(Es gibt Institutionen, die solche Darmspülungen vornehmen. Anschriften können Sie bei der Gesellschaft für natürliche Lebenskunde e.V. in 2862 Worpswede, Heinrich-Vogeler-Weg 8, erfragen).*

Ich habe festgestellt, daß die besten Ergebnisse erzielt werden, wenn man an mehreren aufeinanderfolgenden Tagen vier oder fünf Spülungen vornimmt, jeden Tag eine. Danach sind nur noch ein, zwei oder drei Spülungen wöchentlich notwendig.

Wenn diese Spülungen fachmännisch durchgeführt werden, sind sie nach meinen Feststellungen vorteilhaft und verursachen keine Beschwerden.

Wer nie Darmspülungen bekommen hat, ist nicht imstande, eine Meinung dazu zu äußern. Warnungen vor fachmännisch durchgeführte Darmspülungen kommen nur von jemandem, der völlige Unkenntnisse über die körperliche Reinheit hat.

Wenn als Grund oder Vorwand gesagt wird, die Spülungen schwächten den Körper und seien deshalb schädlich, so ist dies totaler Unsinn. Der Hintergrund dieser Argumentation ist ganz einfach fehlendes Wissen und fehlende Erfahrung.

Der Dickdarm ist die Kläranlage des Körpers. Wie kann der Körper Kraft und sein richtiges chemisches Gleichgewicht zurückgewinnen, wenn diese nicht zualler erst gereinigt wird?

Lebenswichtige Stoffe für den Körper

Der menschliche Körper ist nicht so einfach wie ein chemisches Labor. Er ist ein lebendes chemisches Laboratorium und setzt sich aus praktisch allen Elementen des Mineralreiches zusammen, aber in organischer, lebender Form. Die wichtigsten Elemente sind in der folgenden Liste nach ihrem ungefähren Anteil aufgeführt.

Der menschliche Körper
setzt sich aus folgenden Elementen zusammen:

Element	Anteil in % ca.	Menge ca.	verbindet sich hauptsächlich mit	bildet hauptsächlich
Sauerstoff	65	40,0 kg	Kalzium, Eisen, Schwefel, Phosphor	Knochen, Zähne, Haut, rote Blutkörperchen, Kreislauf, Optimismus
Kohlenstoff	18	11,0 kg	Silizium, Sauerstoff	Zähne, Bindegewebe, Haut, Haare, Nägel
Wasserstoff	10	5,4 kg	Sauerstoff, Natrium, Chlor	Blut und alle Zellen im Körper
Stickstoff	3	1,8 kg	Kalium, Chlor	Muskeln, Knorpel, Gewebe, Bänder, Sehnen, mageres Fleisch
Kalzium	2	1,35 kg	Kohlenstoff, Sauerstoff	Knochen und Zähne
Phosphor	1	0,7 kg	Natrium, Kohlenstoff, Sauerstoff	Blut und Gehirn
Kalium	0,4	270 g	Kalzium, Phosphor, Sauerstoff	Blut, Knochen und alle Zellen
Schwefel	0,25	200 g	Kalium, Kohlenstoff, Sauerstoff	Blut
Natrium	0,25	200 g	Kalzium, Schwefel, Sauerstoff	Haut, Nerven, Schleimhäute
Chlor	0,25	200 g	Stickstoff, Schwefel, Sauerstoff	Epithel, Nerven usw.
Fluor	0,2	136 g	Kalium, Schwefel, Sauerstoff	Nägel, Haar, Blut, Haut
Magnesium	0,05	34 g	Kalium, Wasserstoff, Phosphor, Sauerstoff	Blut, Nerven, Muskeln
Eisen	0,008	5,6 g	Kalium, Wasserstoff, Phosphor, Sauerstoff	Blut, Knochen, Gehirn, Muskeln usw.
Mangan	0,003	2,13 g	Eisen, Sauerstoff, Wasserstoff	Hämoglobin, Lymphe usw.
Silizium	0,0002	Spur	Eisen, Phosphor, Sauerstoff	Blut, Muskeln, Nerven, Haut, Nägel, Haar
Jod	0,00004	Spur	Eisen, Magnesium, Phosphor, Sauerstoff	Schilddrüse, Blut, Rückenmarksnerven, Gehirn, Knochen, Stoffwechsel

Die folgenden Nahrungsmittel usw. sind reich an den in der ersten Spalte genannten chemischen Elementen und werden in der Reihenfolge ihres Gehaltes an diesen Stoffen aufgezählt.

Sauerstoff	Atmen Sie tief, damit Sie freien Sauerstoff erhalten, und trinken Sie rohe Säfte aus Früchten und Gemüse, um organischen Sauerstoff zu erlangen.
Kohlenstoff	Nüsse, vor allem ungesalzene Mandeln, aber keine Erdnüsse (Erdnüsse sind säurebildend). – Nußbutter ist sehr gut, wenn sie roh ist, nicht aber, wenn sie erhitzt worden ist. Oliven und Avocados sind ausgezeichnete Kohlenstoffquellen. Butter (ungesalzen) und Sahne sind ebenfalls gute Quellen, sofern sie nicht pasteurisiert worden sind.
Wasserstoff	Karotten, Sellerie, Spinat, Kohl, Salat, Tomaten, Trauben, Heidelbeeren und Himbeeren.
Stickstoff	Atmen Sie tief und rhythmisch, möglichst im Freien. Alfalfa und grünes Blattgemüse.
Kalzium	Mandeln (ungesalzen), Karotten, Löwenzahn, Steckrüben, Spinat, Orangen, Ziegenmilch (roh) für Kinder, Okra, Blumenkohl, Tomaten, Knoblauch, Pastinaken, al-

Wir können keinen (anorganischen) Kohlenstoff aufnehmen, aber die benötigten Kohlenstoffatome sind in **jedem** Bestandteil der Nahrung enthalten, Kohlenhydrate, Fette, Eiweiß, Vitamine, Enzyme alle sind zu einem großen Teil ihrer Moleküle aus Kohlenstoffatomen aufgebaut, ebenso enthalten sie alle Wasserstoff und etliche Stickstoff insbesondere alle Aminosäuren (als Eiweißbestandteil).

le Beeren, alle Nüsse (außer Erdnüsse), Äpfel, Kartoffeln (roh), Aprikosen.

Phosphor Grünkohl, Rettiche (große weiße), Spargel, Sauerampfer, Brunnenkresse, Rosenkohl, Knoblauch, Wirsing, Karotten, Blumenkohl, Kürbis, Gurken, Lauch, Salat, Rüben, Paranüsse, Walnüsse, Heidelbeeren, Brombeeren, Kirschen, Feigen, Orangen, Zitronen.

Kalium Karotten, Sellerie, Petersilie, Spinat, Rüben, Blumenkohl, Lauch, Knoblauch, rohe Kartoffeln, Sauerampfer, Kürbis, Tomaten, Steckrüben, Orangen, Zitronen, Aprikosen, Bananen, Kirschen, Datteln, Feigen, Heidelbeeren, Weintrauben, Birnen, Pfirsiche, Pflaumen, Himbeeren, Wassermelonen, Granatäpfel, Oliven.

Schwefel Rosenkohl, Brunnenkresse, Grünkohl, Meerrettich, Blumenkohl, Weiß- und Rotkohl, Schnittlauch, Knoblauch, Sauerampfer, Preiselbeeren, Himbeeren, Ananas, Johannisbeeren, Äpfel, Paranüsse, Haselnüsse.

Natrium Sellerie, Karotten, Spinat, Tomaten, Erdbeeren, Rettiche, Kürbis, Salat, Löwenzahn, Lauch, Gurken, Rüben, Steckrüben, Äpfel, Aprikosen, Wassermelonen, Heidelbeeren, Birnen, Orangen, Grapefruits, Zitronen, Datteln, Kirschen, Trauben.

Chlor Rüben, Kohl, Sellerie, Knoblauch, Meerrettich, Pastinaken, Süßkartoffeln, Toma-

	ten, Avocados, Datteln, Granatäpfel, Kokosnüsse.
Fluor	Mandeln (ungesalzen), Karotten, Rübenblätter, Steckrübenblätter, Löwenzahn, Spinat, Sellerieblätter, Ziegenmilch (roh), Schweizer Rohmilchkäse, Eidotter (schlagen Sie sie roh auf und essen Sie sie mit Honig in Orangensaft), Blumenkohl, Kohl, Brunnenkresse, Petersilie, Gurke.
Magnesium	Karotten, Sellerie, Gurken, Mandeln (ungesalzen), Löwenzahn, Knoblauch, Lauch, Grünkohl, Salat, Tomaten, Spinat, Zitronen, Orangen, Äpfel, Brombeeren, Bananen, Feigen, Ananas, Paranüsse, Pecannüsse, Piniennüsse, Walnüsse.
Eisen	Salat, Lauch, Karotten, Löwenzahn, Rettich, Spargel, Steckrüben, Gurken, Meerrettich, Tomaten, Mandeln (ungesalzen), Avocados, Erdbeeren, Rosinen, Feigen, Wassermelonen, Aprikosen, Kirschen, Heidelbeeren, Walnüsse, Paranüsse, Äpfel, Trauben, Ananas, Orangen.
Mangan	Petersilie, Karotten, Sellerie, Rüben, Gurken, Schnittlauch, Brunnenkresse, Mandeln (ungesalzen), Äpfel, Aprikosen, Walnüsse.
Silizium	Gurken, Salat, Pastinaken, Spargelspitzen (roh), Rübenblätter, Löwenzahn, Meerrettich, Lauch, Okra, Petersilie, grüne Paprika, Rettich, Spinat, Brunnenkresse, Erd-

	beeren, Kirschen, Aprikosen, Äpfel, Wassermelonen, Feigen.
Jod	Meeresalgen, Irisch Moos, Ananas. (Verwenden Sie kein medizinisches oder flüssiges Jod als Nahrungsmittel oder Getränk).

Vitamine. So sehr der Laie gern mit geheimnisvollen Dingen spielt, so nutzlos sind im allgemeinen die Informationen über Vitamine, solange er nicht mit der Physiologie der Ernährung und seines Körpers vertraut ist. Die Wechselwirkung der Vitamine in Verbindung mit den chemischen Elementen in unseren Nahrungsmitteln ist ein sehr komplexes Thema, das die Menschen in den meisten Fällen in Verwirrung bringt.

Viele Lebensmittel enthalten alle Elemente, die der Körper benötigt – z.B. Hafer und andere Getreidesorten. Die Elemente liegen jedoch in einer solchen Zusammensetzung vor, daß sie für die menschliche Verdauung auf lange Sicht gesehen eine schädliche Wirkung haben. Wenn Getreide jedoch an Vieh verfüttert wird, gedeiht dies hervorragend, da es in der Lage ist, konzentrierte Stärke und Eiweiß vollständig zu verdauen.

Aus diesem Grund empfehle ich nicht, den Vitaminen zu große Aufmerksamkeit zu schenken, sondern mehr darauf zu achten, viel rohes Gemüse, Salate und Früchte zu essen sowie frische rohe Säfte zu trinken. Wenn Sie viel frische, richtig gepreßte rohe Frucht- und Gemüsesäfte trinken, so besteht nach meiner Erfahrung keine Gefahr für einen Vitaminmangel.

Wasser

Die Verdauungsvorgänge sind lebenswichtige Vorgänge, bei denen Wasser eine bedeutende Rolle spielt. Die Verdauungssäfte des Körpers bestehen zu mehr als 98 % aus Wasser. Dieses Wasser muß ständig erneuert werden. Der Mensch verliert im allgemeinen etwa vier Liter Wasser in 24 Stunden.

Wasser besteht aus chemischen Elementen, und der einzige Weg, ihm Lebenskraft zu geben, führt über das Pflanzenreich.

Die chemischen Stoffe des Mineralienreichs sind tot und anorganisch, aber wenn sie von der Natur gelöst und von Pflanzen absorbiert werden, werden sie vitalisiert und werden so organisch.

Die Behandlung von Früchten und Gemüse mit Hitze oder industriellen Verfahren wandelt organische Stoffe wieder in ihren anorganischen, leblosen Zustand um. Das gilt gleichermaßen für Wasser. Ob es aus dem Wasserhahn, aus einer Quelle oder als Regen vom Himmel kommt, oder ob es destilliert ist – Wasser ist immer anorganisch. *(Siehe auch mein Buch »Wasser kann Ihre Gesundheit zerstören«.)* Wenn man Pflanzen damit begießt, wird es von der Pflanze aufgenommen und wird organisch. Die Elemente, aus denen das ursprüngliche Wasser besteht, werden dann aufgespalten und in den Fasern der Pflanze gespeichert. Darum ist der rohe Saft aller Früchte und Gemüse das beste Wasser, das uns zur Verfügung steht.

Wenn wir dieses Wasser als Saft extrahieren, finden wir darin auch all die anderen Stoffe, die im Gemüse oder in Früchten waren. In diesem natürlichen Zustand sind sie organisch.

Kohlenhydrate und Eiweiß (Protein)

Der menschliche Körper ist ein lebender Organismus, und die Verdauung und Aufnahme von Nahrung findet durch Lebensprozesse statt. Gärung und Fäulnis entstehen im Körper, wenn Sie Nahrungsmittel, die konzentrierte Zucker- und Stärkekohlenhydrate enthalten, mit Nahrungsmitteln, die konzentriertes Eiweiß enthalten oder mit sauren Früchten kombinieren. *(Siehe auch »Lebensmittelkombinationstabelle« und »Fit für's Leben« von Harvey und Marilyn Diamond.)* Alle Gemüsesorten und Früchte enthalten sämtliche Zuckerkohlenhydrate, die der Körper braucht, sofern sie roh sind.

Fast alle Gemüse, Salate und Früchte enthalten, wenn sie frisch und roh sind, 50 % bis 95 % Wasser. Der Kohlenhydrat- und Eiweißgehalt schwankt zwischen einem Bruchteil von 1 % und, in manchen Fällen, einem Anteil von 10 %.

Wer seine Nahrung richtig zusammenstellt, kann seinen Körper perfekt ernähren, vorausgesetzt, wenn ausschließlich rohes Gemüse, Salate, Früchte und Nüsse gegessen werden, ergänzt durch frische und richtig gepreßte rohe Gemüse- und Fruchtsäfte.

Rohes Gemüse und Früchte enthalten große Mengen an Wasser. Deshalb können sie, wenn gewünscht, zusammen und in jeder Kombination gegessen werden, vorausgesetzt, es wird kein Fabrikzucker dazugegeben. Honig ist dagegen ein natürliches Kohlenhydrat und kann in kleinen Mengen zusammen mit jeder Nahrung verwendet werden, sofern der Honig frisch vom Imker kommt und nicht – wie abgefüllter Honig im Supermarkt – hitzebehandelt ist.

Sobald der Körper gründlich gereinigt und an eine solche Ernährung über mehrere Monate oder Jahre hinweg gewöhnt wurde, kennt der Mensch nach meiner Erfahrung keine Müdigkeit mehr; er verfügt über einen schier unerschöpflichen Vorrat an Energie, Kraft und Vitalität und ebenso über ein erstaunliches Maß an Stärke und Ausdauer. Ich spreche aus eigener Erfahrung; denn ich habe wiederholt festgestellt, daß bei einer solchen Ernährung die Zellen und Gewebe des Körpers unverzüglich regeneriert werden, wenn immer sie gefordert werden, Energie zu liefern, so daß **Müdigkeit** praktisch nie entstehen kann.

Letzten Endes ist Müdigkeit das Ergebnis der Unfähigkeit des Körpers, seine Zellen schnell zu ersetzen und zu regenerieren, damit sie spontan die Energie liefern, die gefordert wird. Somit ist Müdigkeit das erste Anzeichen dafür, daß die Zellen »hungern« und sich nicht schnell genug erneuern können, obwohl vielleicht täglich reichliche Mengen an gekochter Nahrung gegessen wird. Müdigkeit ist das erste Anzeichen dafür, daß sich der Körper auf eine Krankheit und schließlich auf eine vorzeitige Alterung zubewegt.

Wenn Nahrung gekocht, eingedost oder sonstwie verarbeitet wird, verwandelt sich Zucker in Stärke. Der Körper kann Stärke als solche nicht verwerten, sondern er muß sie erst wieder in Zucker umwandeln, um sie nutzen zu können. Dies ist eine zusätzliche Arbeit für die Verdauungsorgane. Die Behauptung, der Körper benötige konzentrierte Stärke als ständige Nahrung, ist völlig falsch.

Stärke- und Zuckerkohlenhydrate erfordern eine alkalische Verdauung. Wenn man sie in konzentrierter Form (wie in Mehlprodukten aller Art, Brot, Getreidespeisen, Zucker, Bonbons usw.) verzehrt, sollten sie nie zusammen mit konzentriertem Eiweiß (wie Fleisch, Eier, Milch usw.) gegessen werden. Dies hat unvereinbare chemische Kombinationen zur Folge, was Gärung der Kohlenhydrate und Fäulnis von Eiweiß mit sich bringt, und daraus ergibt sich eine Übersäuerung.

Konzentrierte Kohlenhydrate sollten auch nie mit Früchten verzehrt werden, da Früchte die Gärung der Kohlenhydrate bewirken. Zudem haben sie dann keine alkalische Wirkung mehr im Körper, sondern sie würden im Gegenteil den sauren Zustand verstärken.

Die Lebensmittelkombinationstabelle (siehe Seite 43) zeigt, wie Sie Ihre Lebensmittel am besten zusammenstellen.

Bei den meisten Menschen ist es nicht ratsam, daß sie Ihre Eßgewohnheiten plötzlich und radikal auf ausschließlich rohe Nahrung umstellen. Es ist besser, die Umstellung allmählich, aber doch so schnell wie möglich durchzuführen.

Es wird nur eine kurze Zeit dauern, bis Sie sich an die Veränderung gewöhnt haben. Essen Sie an einem, zwei oder drei Tagen in der Woche nur Rohkost und verzichten Sie auf alle gekochten und verarbeiteten Nahrungsmittel. Planen Sie während der übrigen Wochentage Ihre Mahlzeiten sorgfältig, damit die Zusammenstellung verträglich ist, und trinken Sie außerdem, wenn es möglich ist, zu Beginn jeder Mahlzeit ein oder zwei Gläser frischen rohen Gemüsesaft.

Gemüse- und Fruchtsäfte

Säfte müssen roh und frisch bereitet werden, am besten durch Zerreiben und Pressen mit einer Saftpresse. Lange Erfahrungen haben mich davon überzeugt, daß dies die beste und praktisch die einzige Methode ist, alle Vitamine, Enzyme und Mineralien aus Früchten und Gemüse zu extrahieren.

Man kann mehrere Gläser frischen rohen Obst- und/oder Gemüsesaft täglich trinken, wenn der Saft richtig zubereitet wird. Ein halber Liter am Tag scheint am besten zu sein. Jegliches Unbehagen nach dem Trinken von Säften ist gewöhnlich auf Zustände im Körper zurückzuführen, die die Natur zu beseitigen bemüht ist; und sobald sie beseitigt sind, d.h. evtl. giftige Stoffe ausgeschieden sind, folgt gewöhnlich eine enorme Zunahme an Kraft und Energie.

Gemüse- und * Obstsaftpresse

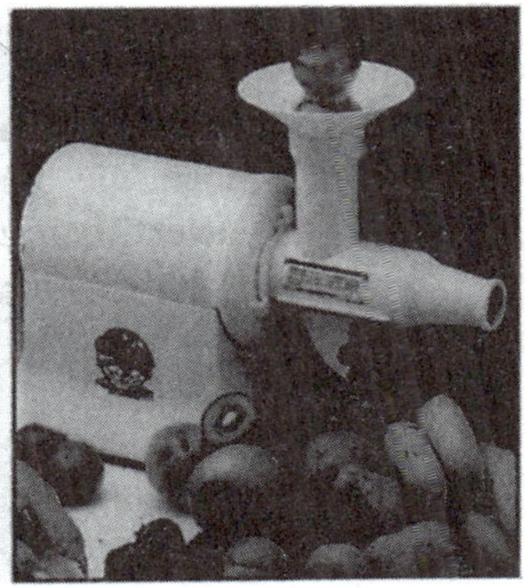

Champion-Entsafter *

* Lieferhinweise erhalten Sie auf Anfrage vom Fit fürs Leben Informationsdienst, Postfach 1261, D-27718 Ritterhude

Es ist ohne Ausnahme so, daß jeder, der frische rohe Säfte zurückweist oder ablehnt, von ihrer physiologischen Wirkung auf die Zellen und Gewebe und auf das Verdauungssystem des Körpers nichts aus eigener Erfahrung weiß.

Es gibt keine Pillen auf der Welt, die unser Blut mit der notwendigen Nahrung versorgen können. Medikamente sind bestenfalls zeitweilig als Krücken geeignet. Rohe Säfte dagegen sind kein Arznei- oder Heilmittel. Wenn sie frisch und richtig gepreßt worden sind, sind sie die besten lebendigen und regenerierenden Lebensmittel, die man dem Körper geben kann. Mit ihnen kann der Körper am schnellsten wieder in einen normalen ausgewogenen Zustand versetzt werden.

Der Genuß roher Säfte aus Gemüse und Früchten ist die zuverlässigste und sicherste als auch die schnellste Methode, die Zellen des Körpers zu ernähren.

Es ist aber unbedingt erforderlich, daß Säfte **roh – frisch zubereitet** und auf hygienische Weise richtig gepreßt sind.

Pasteurisierte oder sterilisierte Säfte sind ohne jeden Wert. Durch die Behandlung (Erhitzung, Bestrahlung usw.) verlieren sie ihre Lebenskraft.

Brot, Getreide, Gebäck und andere Stärkenahrungsmittel

Ich vertrete seit vielen Jahrzehnten die Auffassung, daß der menschliche assimilatorische Verdauungsprozeß keine konzentrierte Stärkenahrung verträgt.

Ich weise nachdrücklich darauf hin, daß dies für alle stärkehaltigen Nahrungsmittel und Produkte gilt, die einer Hitzebehandlung von mehr als 50° C ausgesetzt wurden. Hitze zerstört die Enzyme, ohne die die Zellen und Gewebe des Körpers nicht ernährt und regeneriert werden können.

Das gilt für alle Nahrungsmittel und besonders für Stärkenahrung. Paradoxerweise ist aber Stärkenahrung heute der Hauptbestandteil der Nahrung der meisten Menschen geworden.

Ungeachtet aller entgegengesetzten Behauptungen gibt es schlüssige Beweise Tausender von Menschen, die ihre Ernährung umgestellt haben, also alle gekochten, stärkehaltigen Nahrungsmittel und Produkte drastisch reduziert oder ganz darauf verzichtet haben, und dadurch ihre Gesundheit und ihr Wohlbefinden wesentlich verbessert haben.

Die Zerlegung der Stärkemoleküle beginnt mit dem Speichel im Mund. Dieser Prozeß wird durch die Leber und die Bauchspeicheldrüse fortgesetzt. Die wirklichen Probleme beginnen, wenn der Stärkeabbau die winzigen Blutkapillaren erreicht, um das Endprodukt der abgebauten Stärkemoleküle zu den Zellen zu befördern.

Gekochte Produkte sind tot. Sie verstopfen die mikroskopisch feinen Kapillaren, und die Zellen und Gewebe leiden Hunger. *(Siehe auch Helmut Wandmaker »Willst Du gesund sein? Vergiß den Kochtopf!«)*

Es gibt viele Prozesse, die ständig im Körper ablaufen, und alle sind ohne Ausnahme unveränderlichen Naturgesetzen unterworfen.

Sie können nicht gleichzeitig leben und tot sein. Sie können einen toten Körper – sei es ein totes Molekül oder ein totes menschliches Wesen – nicht veranlassen, Tätigkeiten durchzuführen, für deren Ablauf Lebenskraft erforderlich ist.

Sie können es als selbstverständlich betrachten, daß gekochte Stärkenahrung zwar verdaulich ist, wie es die Befürworter von Stärkenahrung verkünden, aber das ist nur eine theoretische Halbwahrheit. Nahrung, die nur verdaut wird, hat noch lange nicht ihren Zweck erfüllt. Es muß mehr damit geschehen. Die lebenden, aktiven Zellen des Körpers müssen imstande sein, die Nahrung zu assimilieren. Nur lebendige Lebensmittel, also Lebensmittel, die vom Anfang bis zum Ende mit Enzymen ausgestattet sind, können am Ende des Verdauungsprozesses assimiliert werden.

Nur weil die Natur den menschlichen Körper mit einer gewaltigen Widerstandskraft gegen tote Nahrung ausgestattet hat, die lebende Zellen nicht ernähren kann, und weil es außerdem eine so astronomische Zahl von Zellen, Atomen und Molekülen im Organismus gibt, ist der menschliche Körper imstande, so lange zu leben, wie er gewöhnlich lebt – oder besser sollte ich sagen, imstande zu existieren –, trotz der falschen, schädlichen Eßgewohnheiten der meisten Menschen.

Das **Blut** ist das Transportmittel, mit dem die Nahrung die Zellen und Gewebe des Körpers erreicht. Das Blut ist jedoch mehr als ein bloßer Transporteur, der dem Körper Nahrung liefert. Vergessen Sie nicht, daß jeder Tropfen Blut im Organismus alle 24 Stunden 3000 bis 5000 Rundreisen durch den ganzen Körper macht. Da sich der gesamte Blutvorrat im menschlichen Organismus nur auf etwa 4 1/2 Liter beläuft und sich davon nur 80 % oder 3 1/2 Liter in ständigem Kreislauf befinden, können Sie die Notwendigkeit erkennen, genau darauf zu achten, welcher Art von Molekülen Sie erlauben, in Ihren Körper zu gelangen.

Die Bearbeitung der Nahrung im Magen und im Zwölffingerdarm sind nur die ersten Schritte. Vom Zwölffingerdarm an sammelt das Blut die verdauten Moleküle ein. Die Blutkörperchen, von denen es etwa 25.000.000.000 (25 Milliarden) in Ihrem Körper gibt, haben keinerlei Fähigkeit zur Auswahl. Sie sind viel zu beschäftigt, um damit Zeit zu verlieren, irgendeine besondere Art von Molekülen auszuwählen, die Sie Ihrem Körper zugeführt haben.

Die Blutkörperchen nehmen einfach alles, was verfügbar ist, und die rätselhaften Gesetze des magnetischen Anziehungskraft bewirken, daß die Moleküle zu den verschiedenen Stationen der Verarbeitung geleitet werden zu ihrer letzten Bestimmung der Reparatur und Regeneration der Zellen und Gewebe des Körpers.

Diese magnetische Anziehung zum Zwecke der Regeneration findet sich nur in lebenden Molekülen. Es gibt Zeiten und Gelegenheiten, wo mit einer Zelle oder einer Zellgruppe etwas verkehrt läuft, wo ein Wirkstoff benötigt wird, um die Sache in Ordnung zu bringen. Ein derartiger Zustand ist gewöhnlich der Vorbote, der Vorläufer eines Gebrechens oder einer Krankheit. Unter solchen Umständen wird ein Katalysator gebraucht, der nicht notwendigerweise ein »lebendiger« Wirkstoff sein muß, aber er muß in unendlich kleiner molekularer Form verfügbar sein.

Getreide kann solche lebendigen Wirkstoffe liefern und verfügbar machen, wenn es roh und nicht mit Gift besprüht worden ist.

Die Moleküle in gekochtem Getreide und im Mehl sind jedoch leblos. Die Moleküle des rohen Getreides sind reich mit Enzymen versehen. Die Verdauungsvorgänge mit ihren eigenen Enzymen bewirken, daß die rohen Moleküle der Getreidestärke in konstruktiver Weise für die Zellerneuerung zur Verfügung stehen oder daß sie lediglich zu Katalysatoren werden, wenn sie dafür benötigt werden.

Sie können aus rohem Getreide Nutzen ziehen. In ihrem natürlichen, rohen Zustand sind Getreidekörner sehr hart; darum weichen Sie sie über Nacht in warmem Wasser (nicht über 50°C) ein. Am Morgen haben sich die harten Hülsen genügend erweicht, so daß das Getreide leicht eingespeichelt und im Verdauungssystem weiterverarbeitet werden kann.

Die Getreidesorten, deren Verwendung ich empfehle, sind Hafer, Roggen und Weizen, wenn Sie darauf achten, nur organisch angebaute, unverarbeitete Körner zu verwenden und industriell »behandelte« meiden, deren Behandlung das Ziel hat, den Erregern von Pflanzenkrankheiten vorzubeugen und sie zu vernichten.

Verwenden Sie am Anfang nur eine kleine Menge, einen knappen Teelöffel voll. Denken Sie daran, daß die Verdauung der Stärke im Mund beginnt. Behalten Sie die Körner im Mund, bis sie gründlich eingespeichelt sind, kauen Sie sie gründlich, bis sie flüssig sind, bevor Sie sie schlucken. Nehmen Sie sich Zeit.

Wenn Sie sich an diese Nahrung gewöhnt haben, werden Sie sich vermutlich darauf freuen, mit dieser Speise Ihr tägliches Frühstück zu beginnen oder zu ergänzen.

Nach meiner Erfahrung aus vielen Jahrzehnten und nach der Erfahrung einer großen Zahl von anderen Ernährungsforschern können Brot, Gebäck, Getreidespeisen und andere gekochte Stärkenahrung für die Mehrzahl aller Gebrechen verantwortlich gemacht werden, die die zivilisierten Menschen von heute befallen. Ich kann nicht nachdrücklich genug betonen, daß der beste Beweis, den man sich denken kann, der Versuch ist, derartige Nahrungsmittel ein paar Wochen lang zu meiden, dem Körper Gelegenheit zu geben, sich selbst zu heilen, und die unerwartete, wenn nicht unglaubliche Verbesserung der Gesundheit zu erleben.

Milch

Es wird allgemein angenommen, daß **Kuhmilch** eines der vollkommensten Nahrungsmittel ist. Eine halbe Wahrheit ist irreführender als ein bewußte Lüge. Milch ist das Nahrungsmittel in der menschlichen Ernährung, das am meisten Schleim bildet. Von der Kindheit bis ins Alter ist sie nach meiner Erfahrung die heimtückischste Ursache für Erkältungen, Grippe, Bronchialbeschwerden, Asthma, Heuschnupfen, Lungenentzündung, Tuberkulose, Hautkrankheiten und Stirnhöhlenprobleme.

Milch ist als Lebensmittel für Babys von ihrer Geburt an gedacht, so lange, bis die Muskeln und der ganze Körper genügend entwickelt sind, um natürliche Lebensmittel aufzunehmen. Kuhmilch war nie für ein Menschenkind bestimmt! Die Natur hat sie als Nahrung für das Kuhkalb vorgesehen!

Die Nahrung eines Kindes ist natürlich, wenn sie von der Milch seiner Mutter zur Verfügung gestellt wird. Diese Milch enthält Wasser, natürliche Zucker, Salze, Aminosäuren, Hormone, Vitamine und die Elemente, die für das Wachstum des kleinen Körpers erforderlich sind. Einer der wichtigsten Wirkstoffe in der Milch ist eine Substanz, die Kasein genannt wird; sie liefert eine große Zahl von Aminosäuren zur Bildung der Eiweißmoleküle, die den Körper des Kindes aufbauen. Kasein findet man nur in Milch und in Eiern.

Kuhmilch ist erheblich dicker als Muttermilch, und sie enthält 300 % mehr Kasein als Muttermilch. Kuhmilch soll das Gewicht eines Kalbes in sechs bis acht Wochen verdoppeln, während der Körper eines Kindes sechs bis sieben Monate benötigt, um sein Gewicht zu verdoppeln. Kuhmilch baut den Körper eines Kalbes so auf, daß es im ausgewachsenen Zustand ein Gewicht von 450 bis 900 Kilogramm erreicht. Welcher Mann oder welche Frau haben den Ehrgeiz, ein Gewicht von 110 oder 140 Kilogramm zu erreichen?

Ein anderer wichtiger Gesichtspunkt, der gewöhnlich übersehen wird, ist der Phosphorgehalt der Milch. Phosphor ist ein säurebildendes Element, und Kuhmilch enthält fast 50 % mehr Phosphor als Muttermilch. Außerdem ist das Verhältnis zwischen dem Phosphor- und dem Schwefelgehalt dieser beiden Milcharten unterschiedlich. Der menschliche Körper muß ein gewaltiges Maß an Anstrengung aufwenden, um Kuhmilch zu verdauen, und die Folge dieser Anstrengung, zusammen mit dem hohen Kaseingehalt der Kuhmilch, sind mit Schleimbildung einhergehende Leiden.

Rohe Kuhlmilch ist schon schlimm genug. Milch zu pasteurisieren und sie Kindern und Kranken zu verordnen, ist jedoch meiner Meinung und Erfahrung nach eine unglaubliche Dummheit.

Das **Pasteurisieren von Milch** wurde eingeführt, als Milch zum »Big Business« wurde. Es ist praktisch unmöglich, große Mengen an Milch und Milchprodukte ohne Verderb zu handhaben und sie über weite Entfernungen hinweg zu transportieren. Dieser Verderb bringt natürlich finanzielle Verluste mit sich. Die Frage des Nährwerts wurde Profiten untergeordnet. Gesetze wurden verabschiedet, um diese Profite zu schützen, ohne Rücksicht auf den Verlust des Nährwertes des Nahrungsmittels.

Unglücklicherweise wird die politische Maschinerie immer mehr vom Profitdenken geleitet als von ethischer Integrität. Wenn Integrität die Regel wäre, würde man der Pasteurisierung von Nahrungsmitteln und der Zerstörung der Lebenselemente in unserer Nahrung mehr Aufmerksamkeit und Beachtung schenken. Das würde jedoch Ausbildungsmethoden erfordern, die das Begriffsvermögen der heutigen Politiker übersteigen.

Es genügt wohl zu beweisen, daß die Pasteurisierung von Milch keinerlei Schutz für die Gesundheit des einzelnen oder der Gemeinschaft darstellt und daß sie lediglich die Milch vor dem Sauerwerden schützt.

Die Behauptung, daß rohe Milch Krankheiten verursacht, die verhindert wird, wenn die Milch pasteurisiert wird, ist total und komplett unwahr. Pasteurisierung tötet weder Typhusbakterien noch Kolibakterien, noch die Bakterien der Tuberkulose.

Um krankheitserregende Bakterien zu töten, müßte die Milch auf eine Temperatur zwischen 90°C und 110°C erhitzt werden. Das würde die Bildung von Sahne in der Flaschenmilch verhindern – ein großer Nachteil vom kaufmännischen Standpunkt aus.

Daß pasteurisierte Milch für den Verzehr durch Menschen gefährlich und ungeeignet ist, wurde durch nicht weniger als zwölf Todesfälle in San Franzisko im Jahre 1928 bewiesen, die man unmittelbar der pasteurisierten Milch zuschreibt.

In Montreal gab es 5.002 Typhusfälle mit 533 Toten, die man ebenfalls unmittelbar auf pasteurisierte Milch zurückführen konnte.

Wenn ich mich meinen eigenen Aufzeichnungen zuwende, so konnte ich feststellen, daß es bei Kindern in jedem Alter, bei Heranwachsenden und bei Erwachsenen unweigerlich zu unglaublichen gesundheitlichen Fortschritten kommt, wenn Kuhmilch aus ihrer Ernährung gestrichen wird. Kinder, die ständig unter Erkältungen litten, wurden gesünder und stärker, wenn die Milch durch frische rohe Karottensäfte und andere Säfte ersetzt wurde, und ihre Erkältungen verschwanden.

Erwachsene, die an Asthma, Heuschnupfen und anderen Verschleimungszuständen leiden, sprechen sofort auf den Verzicht der Milch aus ihrer Ernährung an, vor allem dann, wenn ebenfalls Stärkeprodukte gemieden werden. Es ist reine Reklame, daß Milch ein notwendiger Bestandteil der menschlichen Ernährung sei. Wenn irgendein Angehöriger der Heilberufe ihre Verwendung empfiehlt, so ist dies ein Zeichen dafür, daß er die einfachen Gesetze der Ernährungsphysiologie nicht kennt und daß er die grundlegende Ursache für das Vorhandensein von übermäßigem Schleim im Organismus nicht erkannt hat.

Es gibt kein Mitglied des Tierreichs, das Milch als Nahrung nimmt, wenn es entwöhnt worden ist. Nur der Mensch ist so dumm zu übersehen, daß der Genuß von Milch die Ursache für viele seiner Leiden ist.

Die Natur hat die Milch jeder Tierart mit den notwendigen Bestandteilen ausgestattet, die für das Wachstum ihres Nachwuchses am besten geeignet sind.

Die Tatsache, daß Milch das Leben erhält, wenn sie nach dem Säuglingsalter als Nahrung verwendet wird, sei nicht bestritten. Es wird auch nicht bestritten, daß wir in seltenen Fällen eine Ziege ein Kalb, eine Hündin Kätzchen und eine Stute Hündchen säugen sehen. Wir haben sogar Aufzeichnungen darüber, daß ein Gorilla ein Menschenkind gestillt hat. Dies sind jedoch Notfälle der Natur und keine üblichen Praktiken.

Ich habe immer die Meinung vertreten, daß die Erziehung vom Kindergarten an und durch alle Schulklassen hindurch mit dem Studium der menschlichen Anatomie und der Ernährungsphysiologie beginnen und mit Nachdruck betrieben werden sollte. Das betrifft die Wissenschaft vom Leben in unseren Nahrungsmitteln und die Bedeutung des Lebens in Gemüsen und Früchten für die Ernährung des menschlichen Körpers und die Regeneration seiner Zellen und Gewebe.

Ich vertrete ferner die Auffassung, daß eine Frau, bevor sie schwanger wird oder sofort nachdem sie festgestellt hat, daß sie schwanger ist, sich mit dieser Thematik befassen sollte, um den Problemen, die vor ihr liegen, zu begegnen.

Was ihre eigene Ernährung angeht, so hat diese jetzt eine doppelte Aufgabe. Sie muß nicht nur ihren eigenen Körper so ernähren, daß die Nahrung vollständig aufgenommen wird und daß ihre Ausscheidungsprozesse wirkungsvoll ablaufen, sondern sie muß zudem ausreichende Nahrung der richtigen Art zur Verfügung stellen, damit der Körper des Kindes richtig wächst.

Es ist zwar richtig, daß Milch eine große Menge Kalzium enthält – ein Element, das unbedingt notwendig ist –, aber die anderen Elemente, aus denen sich die Milch zusammensetzt, sind dennoch so unausgewogen im Verhältnis zu den Bedürfnissen des menschlichen Körpers, daß sie die Vorteile praktisch zunichte machen, die sich ansonsten aus dem Kalzium ergeben können. Wenn die Milch pasteurisiert wird, ist dies Grund genug, sie gänzlich zu meiden. Pasteurisierte Milch, die von Müttern während der Schwangerschaft getrunken wird, ist vielleicht die Hauptursache für den Verlust ihrer Zähne, wenn sie wenig oder keine rohen Lebensmittel und Gemüsesäfte zu sich nehmen.

In rohen Gemüsen, Salaten und Früchten findet man sowohl Kalzium als auch alle anderen wichtigen Wirkstoffe, welche die Mutter und das ungeborene Kind brauchen. Um sie aber in ausreichender Menge zu bekommen, müssen sie durch frische rohe Säfte ergänzt werden, z.B. Karottensaft oder eine Karotten- und Spinatsaftmischung. *(Lesen Sie dazu mein Buch »Frische Gemüse- und Fruchtsäfte.«)*

Das neugeborene Kind braucht Muttermilch. Wenn diese nicht verfügbar ist, dann ist **Ziegenmilch** die Milchart, die der chemischen Zusammensetzung der Muttermilch am nächsten kommt. Sie darf jedoch nicht pasteurisiert sein, und sie sollte nicht über eine Temperatur von 36°C hinaus erhitzt werden. Nach den ersten drei oder vier Wochen kann man ihr frisch zubereiteten Karottensaft hinzufügen. Man beginnt mit einem Viertel Karottensaft auf drei Viertel Ziegenmilch und erhöht den Anteil des Karottensaftes allmählich. Das hat sich als sehr wirksam erwiesen.

Sojamilch und andere Pflanzenmilcharten sind seit einigen Jahren in Mode gekommen. Da sie keine tierischen Produkte sind, meinen die Menschen, sie seien ein guter Ersatz für Tiermilch. Sojabohnenprodukte haben aber eine säurebildende Wirkung im menschlichen Verdauungstrakt, ungeachtet der Tatsache, daß man bei Laborversuchen eine alkalische Reaktion erzielen kann. Ein Vergleich der Sojamilch mit Muttermilch und Kuhmilch mag aufschlußreich sein.

Muttermilch besteht zu etwa 87 % aus Wasser, Kuhmilch fast ebenso, während Sojamilch nur etwas mehr als 10 % Wasser enthält. Die Hinzufügung von Wasser bei der Herstellung von Sojamilch verwandelt dieses nicht in organisch-gebundenes Wasser. Muttermilch enthält etwa 1 1/2 % Eiweiß, Kuhmilch etwa 3 1/2 %, während Sojamilch zu mehr als 33 % aus Eiweiß besteht. Muttermilch enthält etwa 6 % Kohlenhydrate in Form von natürlichem Zucker, Kuhmilch beinahe 5 %, während sich Sojamilch zu mehr als 33 % aus Stärkekohlenhydraten zusammensetzt. Muttermilch enthält etwa 4 % Fett, Kuhmilch 3 bis 4 %, während Sojamilch beinahe 17 % Fett enthält.

Wenn wir die chemische Zusammensetzung von Muttermilch mit Sojamilch vergleichen, so können wir feststellen, daß letztere etwa 170 % mehr Phosphor und etwa 400 % mehr Schwefel enthält als Muttermilch. Beide Elemente sind säurebildend. Andererseits enthält Muttermilch ungefähr 3.500 % mehr Chlor – das Reinigungselement – als Sojamilch.

Diese Faktoren sind von großer Wichtigkeit, wenn wir bedenken, daß viele Fälle von Geisteskrankheit, Neurasthenie, Neigung zu abnormen Sex und andere Störungen des Nervensystems hauptsächlich auf das unausgewogene Verhältnis dieser Elemente in der Nahrung zurückzuführen sind. Der Mangel an Chlor in der Sojamilch hat einen sehr großen Einfluß auf den Magensaft und kann zu einem Salzsäuremangel führen. Dieser Mangel kann ferner zu Störungen in der Zusammensetzung und der Aktivität des Blutes führen.

Außerdem sind diese Elemente in der Sojamilch nicht mehr organisch, wenn das Sojapulver oder die Milch übermäßiger Hitze ausgesetzt wurden.

Abschließend können wir sagen, daß es das Beste ist, (wenn das Kind keine Milch trinken will oder kann), wenn wir dem Kind frische rohe **Obst- und Gemüsesäfte** in ausreichender Vielfalt geben, um seinen Körper mit all den Mineralien und chemischen Elementen, Vitaminen, Hormonen, Kalorien und Aminosäuren zu versorgen, die es benötigt. Wenn die Säfte richtig zubereitet werden – frisch gepreßt aus frischem Obst und Gemüse von guter Qualität –, wird das Kind einen kräftigen, gesunden, vitalen Körper bekommen, der gegen Krankheiten weitgehend gefeit ist. Wenn das Kind wächst, können die Säfte auch durch fein geraspeltes rohes Gemüse und Früchte ergänzt werden. Gekochte und eingedoste Nahrung, Getreidespeisen, Körner- und Mehlprodukte können keinen gesunden Körper aufbauen. Es liegt in der Natur der Sache, daß der Körper Mittel und Wege findet – in Gestalt von Fieber, Hautausschlägen und Krankheiten –, um sich der Abfallstoffe zu entledigen, die die Folge von devitalisierten Nahrungsmitteln sind.

Sahne und andere Fette

Milch ist ein konzentriertes Eiweiß, Sahne ist ganz einfach ein Fett. Sahne ist auch etwas schleimbildend, aber sie ist dennoch ein gutes Fett, vorausgesetzt, sie wird nur in begrenzten Mengen verwendet. Sahne sollte nicht pasteurisiert werden. Tierische Fette sind säurebildend, und wenn sie gekocht oder gebraten werden, können Sie leicht Leber- und Gallenstörungen und auch Störungen der Bauchspeicheldrüse verursachen. Die besten Fette finden Sie in Avocados und Oliven.

Käse

Je kräftiger der Käse ist, desto größer ist seine säurebildende Wirkung auf den Körper, und um so mehr Schleim bildet er. Hüttenkäse (am besten der hausgemachte) ist am wenigsten säurebildend, Schweizer Käse ist der nächstbeste (die Sorte, die in riesigen runden Stükken mit einem Durchmesser von etwa 90 Zentimeter hergestellt wird).

Tiefgefrorene Nahrungsmittel

Während Hitze beim Kochen oder bei der Verarbeitung das Lebenselement in Gemüse, Früchten, Nüssen und anderen Lebensmitteln zerstört, ist dies beim Gefrieren nicht der Fall.

Schnell eingefrorene Lebensmittel, die frisch und am Baum gereift sind, bewahren das Lebensprinzip in zeitweilig ausgesetzter Form, ohne daß der Nährwert der Nahrung beeinträchtigt oder zerstört wird.

Tiefgefrorenes verdirbt nach dem Auftauen jedoch viel schneller als frisches Gemüse und Früchte aus dem Garten oder vom Markt. Bewahren Sie solche Lebensmittel nach dem Auftauen bei etwa 1° bis 3°C auf, vorausgesetzt, sie sind nicht länger als 10 oder 15 Minuten auf Zimmertemperatur erwärmt worden.

Schnelles Einfrieren hat große Vorteile gegenüber anderen Methoden der Lebensmittelkonservierung. Lebensmittel können viele Monate lang in gefrorenem Zustand aufbewahrt werden, ohne an Nährwert zu verlieren oder zu verderben, sofern die Gefriertemperatur sowohl schnell erreicht wird als auch niedrig genug ist, um sie gründlich einzufrieren.

Viele Früchte werden mit Zucker gesüßt, und Gemüse werden gesalzen, wenn sie von Lebensmittelfabriken eingefroren werden. Achten Sie darauf, denn Zucker verursacht den Verlust des Nährwertes bei Früchten und führt zu einer sauren Reaktion im Körper, während Salz den Verdauungsprozeß stört.

Eiweiß

Eiweiß besteht aus Aminosäuren. Aminosäuren sind Atomketten, die nicht nur als Bausteine zum Aufbau von Eiweiß dienen, sondern außerdem aktive Aufgaben haben.

Mit anderen Worten: Aminosäuren sind nicht nur Bausteine, die Eiweiß bilden, sondern – wenn man sie mit einem Gebäude vergleicht – sie stellen, bildlich gesprochen, alle Aktivitäten dar, die sich in einem solchen Gebäude abspielen.

In einem Gebäude gibt es Ziegel und Mörtel, Bauholz, Eisen usw., weiterhin einen Fahrstuhl, heißes und kaltes Wasser, eine Klimaanlage, ein Abwassersystem, Licht, Telefon usw.

So sind auch die Aminosäuren eines Menschen oder Tieres Träger einer großen Anzahl von Aktivitäten. Ohne sie ist keine körperliche Funktion möglich.

Die Bedeutung der Vitalität der Aminosäuren verstehen Sie am besten, wenn Sie sich klarmachen, daß die Moleküle im Körper innerhalb von sechs Minuten, nachdem der Tod eingetreten ist, aufhören, lebende, organische Moleküle zu sein, so daß ihre Funktionen und Aktivitäten infolgedessen zum Stillstand gekommen sind. Solange Leben im Körper ist, haben die Moleküle den Lebensfunken, der es ihnen ermöglicht, ihre Arbeit fortzusetzen.

Moleküle sind nicht wie Tiere, deren Lebendigkeit durch ihre Aktivitäten zum Ausdruck kommt und wahrnehmbar wird. Dennoch ist das Lebensprinzip in einem

Molekül vorhanden oder nicht. Wenn es vorhanden ist, ist das Molekül ein lebender Organismus, der in der Lage ist, Lebenskraft und -energie zu liefern. Wenn kein Leben in ihm vorhanden ist, ist das Molekül anorganisch und gehört somit zum Mineralreich.

Nichts in der Natur steht jemals still. Die Dinge schreiten entweder voran, machen Fortschritte, entwickeln sich, oder sie degenerieren und zerfallen.

Das **Mineralreich** enthält alle Moleküle, aus denen sich diese Welt zusammensetzt, in anorganischer Form. Jedes dieser Moleküle, solange es sich im Mineralreich befindet, hat seine bestimmte, festgelegte Schwingungsebene, aber es ist kein Leben vorhanden. Man kann sagen, ihr Fortschritt und ihre Entwicklung verläuft umgekehrt. Als anorganische Bausteine von Elementen können sie sich nicht aus sich selbst heraus weiterentwickeln. Sie können sich allerdings auflösen, und in aufgelöstem Zustand werden sie von Pflanzen aufgenommen, und auf diese Weise wird ihnen Leben gegeben. Nur im Wege pflanzlicher Entwicklung können Moleküle lebendig werden.

Der eigentliche Zweck der Erschaffung des Pflanzenreiches war und ist, Molekülen Leben zu geben, d. h. mineralische, anorganische Moleküle in lebende Organismen umzuwandeln. Wenn pflanzliches Leben durch Hitze zerstört wird, kehren die Moleküle, aus denen diese Pflanzen bestehen, von selbst zum mineralischen Zustand zurück, da es nirgends Leben und Tod zur gleichen Zeit geben kann.

Wenn wir die Aktivitäten von Aminosäuren untersuchen, stellen wir fest, daß sie bei der Bildung und beim Wachstum von Blutkörperchen für die ungestörte Funktion der Drüsen, für die Gesundheit der Haut, der Haare und der Gelenkknorpel, für die reibungslose Tätigkeit der Leber und für zahllose andere Funktionen lebenswichtig sind.

Das Eiweiß, aus dem sich das Fleisch von Tieren, Fischen und Geflügel zusammensetzt, wird aus lebenden, organischen Atomen des Tierfutters aufgebaut. Dieses Fleisch ist ein vollwertiges Eiweiß. Bevor unser Körper jedoch Tiereiweiß verdauen kann, muß er es in die ursprünglichen Aminosäuren zerlegen, um aus diesen Aminosäuren sein eigenes Eiweiß aufzubauen.

Die Mehrzahl der Menschen bestehen darauf, daß der menschliche Körper **Fleisch** als unerläßlichen Bestandteil der Ernährung benötigt. Zunächst einmal ist Fleisch vergiftet, wenn das Tier geschlachtet wird. Aufgrund der schrecklichen Angst vor dem Schlachten schütten die Nebennieren Gifte in das Blut des Tieres aus. Zweitens ist dieses Fleisch ein totes Produkt, das sofort nach dem Tod des Tieres beginnt zu verderben. Außerdem werden das Fleisch und die Aminosäuren durch die Hitze beim Kochen oder Braten noch weiter zerstört.

Da die meisten Menschen denaturierte Nahrungsmittel essen und trotzdem weiterleben, ist es deshalb schwierig, sie davon zu überzeugen, daß die Moleküle in unserer Nahrung lebende, organische Moleküle sein müssen, damit wir einen vitalen Körper aufbauen können, der frei von Krankheiten ist. Die leblosen, anorganischen Moleküle in gekochten und verarbeiteten Nahrungsmitteln führen zu Degeneration und Auflösung des Körpers.

Ebenso wie das Leben dynamisch, magnetisch, organisch ist, so ist der Tod statisch, nicht magnetisch, anorganisch. Leben wird durch Leben erzeugt, und das gilt auch für die Moleküle in unserer Nahrung. Wenn die Moleküle in den Aminosäuren lebende, organische Moleküle sind, erfüllen sie ihre Aufgabe. Wenn sie durch das Schlachten eines Tieres oder das Kochen der Nahrung zerstört werden, gehen die vitalen Eigenschaften verloren, mit denen die Moleküle die Tätigkeit der Aminosäuren unterstützen.

Alle **Gemüse und Früchte** enthalten die notwendigen lebenden Moleküle, aus denen im Organismus Aminosäuren gebildet werden. Der menschliche Körper kann Fleischprodukte aller Art in Form von »vollwertigem Eiweiß« nicht zu seinem Vorteil verwenden. Er kann aber aus frischen Gemüsen und ihren Säften die besten Moleküle gewinnen und daraus seine eigenen lebenswichtigen Aminosäuren und Eiweißstoffe herstellen.

Der Verzehr von Fleisch oder sonstigen Fleischprodukten oder Fleischextrakten führt zur Ansammlung übermäßiger Säuremengen, wobei **Harnsäure** am schädlichsten ist. Sie wird von den Muskeln aufgenommen, wie ein Schwamm Wasser aufsaugt. Sobald die Ansammlung dieser Harnsäure den Sättigungspunkt erreicht hat, kristalliert die Säure aus, und es bilden sich Harnsäurekristalle, die bei Rheuma, Neuritis, Ischias usw. so schmerzhaft sind.

Tiere bilden aus den Aminosäuren, die sie aus Pflanzen gewinnen, viel größere, kräftigere und gesündere Körper als der Mensch durch den Fleischverzehr.

Wenn noch mehr Beweise erforderlich wären, um die falschen Behauptungen zugunsten des Fleischverzehrs zu widerlegen, sollten wir uns nach fleischfressenden Tieren umsehen, die als Lasttiere geeignet sind – aber wir finden keine. Ihnen fehlt es sowohl an Kraft als auch an Ausdauer. Alle pflanzenfressenden Tiere haben dagegen vom Pferd über den Ochsen bis zum Elefanten eine enorme Kraft und Ausdauer, die sie vom Verzehr roher Pflanzen erhalten.

Was sind **Aminosäuren**? Sie sind aus Kohlenstoff-, Wasserstoff-, Sauerstoff- und Stickstoffatomen zusammengesetzt, die sich in bestimmten Mustern und in einer bestimmten Anordnung gruppieren. Zwei davon enthalten Schwefelatome, zwei weitere Jodatome.

Um eine nicht wissenschaftliche Beschreibung der Aminosäuren zu geben, können wir die Form, die Muster und die Farben der Blütenblätter der Rosen als Vorbild benutzen. So wie diese die verschiedenen Arten von Rosen bestimmen, legen Atomgruppen den Aminosäurentyp fest. Die Aminosäuren ihrerseits gruppieren sich zu Mustern, die die verschiedenen Arten von Eiweiß bilden.

Im folgenden werden die hauptsächlichen Aminosäuren, ihre Zusammensetzung und ihre wichtigsten Funktionen und Eigenschaften aufgezählt.

Alanin Besteht aus 40 % Kohlenstoff, 8 % Wasserstoff, 36 % Sauerstoff, 16 % Stickstoff. Sein Molekulargewicht beträgt etwa 89. Es ist Bestandteil des Kalziumpantothenats (eines Vitamins) und hat mit gesunder Haut, besonders mit gesunder Kopfhaut, und mit gesundem Haar zu tun. Es ist ferner wichtig für die gesunde Funktion der Nebennieren.
Folgende Lebensmittel enthalten Alanin: Alfalfa, rohe, ungesalzene Mandeln, Avocados, Oliven, Sahne, Karotten, Sellerie, Löwen-

zahn, Salat, Brunnenkresse, Äpfel, Aprikosen, Weintrauben, Orangen, Erdbeeren, Tomaten.

Arginin

Besteht aus 41,5 % Kohlenstoff, 8 % Wasserstoff, 18,5 % Sauerstoff, 32 % Stickstoff. Molekulargewicht etwa 174. Es hat mit der Muskelkontraktion zu tun. Es ist ein wichtiger Bestandteil der Knorpel, des Gewebes, aus dem sich durch natürliche Verkalkung Knochen bilden. Es ist lebenswichtig für die Struktur und die Funktion der Fortpflanzungsorgane. Es trägt dazu bei, die Degeneration der Körperzellen unter Kontrolle zu halten und schützt die Gewebe vor der Bildung von Geschwüren und Krebs.
Folgende Lebensmittel enthalten Arginin: Alfalfa, grünes Gemüse und Salate, Karotten, Rüben, Gurken, Sellerie, Lauch, Rettiche, rohe Kartoffeln, Pastinaken, Steckrüben.

Asparaginsäure

Besteht aus 36 % Kohlenstoff, 5,5 % Wasserstoff, 48 % Sauerstoff, 10,5 % Stickstoff. Molekulargewicht etwa 133. Es hilft, die Zerstörung von Knochen und Zähnen zu verzögern, und fördert die Diffusion des Kalziums aus dem Blut in die Zellen. Es hat mit der Funktion der Lungen und Atemwege sowie des Herzens und der Blutgefäße zu tun.
Folgende Lebensmittel sind Quellen für Asparaginsäure: Zitronen, Grapefruits, ungesalzene Mandeln, Äpfel, Aprikosen, Karotten, Sellerie, Gurken, Petersilie, Ananas, Rettiche, Spinat, Tomaten, Rübenblätter, Brunnenkresse und Wassermelonen.

Cystin Besteht aus 30 % Kohlenstoff, 5 % Wasserstoff, 26,5 % Sauerstoff, 11,5 % Stickstoff, 27 % Schwefel. Molekulargewicht 240. Einer der wichtigsten Bestandteile des Haares. Wichtige Substanz bei der Bildung von roten Blutkörperchen. Hält die Gesundheit der Gewebe aufrecht und macht gegen Gifte und Infektionen widerstandsfähig. Hat mit den Funktionen der Milchdrüsen zu tun, vor allem während der Stillzeit.
Folgende Lebensmittel sind Cysteinquellen: Alfalfa, Karotten, Rüben, Kohl, Blumenkohl, Schnittlauch, Zwiebeln, Knoblauch, Grünkohl, Meerrettich, Rettiche, Rosenkohl, Äpfel, Johannisbeeren, Ananas, Himbeeren, Paranüsse, Haselnüsse.

Dijodtryrosin Besteht aus 25 % Kohlenstoff, 2 % Wasserstoff, 11 % Sauerstoff, 3 % Stickstoff, 59 % Jod. Molekulargewicht 433. Beteiligt an den Funktionen aller Körperdrüsen, vor allem der Schilddrüse, der Hirnanhangdrüse, Nebennieren und Lymphdrüsen *(siehe Schaubild der endokrinen Drüsen)*.
Die folgenden Lebensmittel enthalten Bestandteile der Jodgorgonsäure: Rotalgen, Seetang, Karotten, Sellerie, Spinat, Tomaten, Ananas.

Glutaminsäure Besteht aus 41 % Kohlenstoff, 6 % Wasserstoff, 43,5 % Sauerstoff, 9,5 % Stickstoff. Molekulargewicht 147. Sie stellt ein Fünftel der Bestandteile des Insulinmoleküls. Sie hat mit der Absonderung der Verdauungssäfte im Körper und mit der Bildung von Glykogen zu tun. Wichtig bei der Umwandlung von Glykogen in energiespendenden Zucker

durch die Leber mit Hilfe von amylolytischen Enzymen. Sie wirkt stark desinfizierend. Sie ist wichtig bei der Verhütung von Anämie und verhindert oder verzögert die Aufhebung der Vitamin-C-Wirkung.
Die folgenden Lebensmittel liefern Elemente, die für Glutaminsäure benötigt werden: Grüne Bohnen und Rosenkohl (roh), Karotten, Kohl, Sellerie, Rübenblätter, Steckrübenblätter, Löwenzahn, Petersilie, Salat, Spinat, Papaya.

Glycin

Besteht aus 32 % Kohlenstoff, 7 % Wasserstoff, 42,5 % Sauerstoff, 18,5 % Stickstoff. Molekulargewicht 75. Beteiligt an der Bildung von Knorpeln und Muskelfasern. Es übt einen mäßigenden Einfluß auf die übermäßige Produktion von Geschlechtshormonen aus.
Die folgenden Lebensmittel sind gute Glycinquellen: Karotten, Löwenzahn, Steckrüben, Sellerie, Petersilie, Spinat, frische, ungesalzene Mandeln, Alfalfa, Okra, Knoblauch, rohe Kartoffeln, Feigen, Orangen, Zitronen, Heidelbeeren, Himbeeren, Granatapfel, Wassermelonen.

Histidin

Besteht aus 46 % Kohlenstoff, 6 % Wasserstoff, 21 % Sauerstoff, 27 % Stickstoff. Molekulargewicht 155. Unterstützt die Leber bei der Glykogenbildung. Beteiligt an der Verhinderung pathogenen Schleims im Organismus. Ein wichtiger Bestandteil des Bluthämoglobins und der Spermien, die bei der Befruchtung in die Eizelle dringen. Darum hat es sehr viel mit Schwangerschaftskomplikationen zu tun, zum Beispiel mit

Fehl-, Früh- und Totgeburten, Sterilität usw. Die folgenden Lebensmittel sind gute Histidinquellen: Meerrettich, Rettiche, Karotten, Rüben, Sellerie, Gurken, Endivie (Chicorée), Lauch, Knoblauch, Zwiebeln, Löwenzahn, Steckrübenblätter, Granatapfel, reife und grüne Papaya.

Hydroxy-glutaminsäure Besteht aus 37 % Kohlenstoff, 5 % Wasserstoff, 49 % Sauerstoff, 9 % Stickstoff. Molekulargewicht 163. In ihren Wirkungen der Glutaminsäure sehr ähnlich, aber mit größerem Einfluß auf die Bildung von Magensaft. Folgende Lebensmittel sind gute Quellen zur Deckung des Bedarfs: Karotten, Sellerie, Petersilie, Salat, Spinat, Tomaten, Weintrauben, Heidelbeeren, Himbeeren, Pflaumen.

Hydroxyprolin Besteht aus 46 % Kohlenstoff, 7 % Wasserstoff, 36,5 % Sauerstoff, 10,5 % Stickstoff. Molekulargewicht 131. Beteiligt an den Aktivitäten der Leber und der Gallenblase, vor allem beim Emulgieren von Fetten und im Kampf gegen deren Ranzigwerden. Außerdem beteiligt an der Bildung von Hämatin und Globulin in den roten Blutkörperchen.
Die folgenden Lebensmittel sind gute Quellen zur Bedarfsdeckung: Karotten, Rüben, Salat, Löwenzahn, Steckrüben, Gurken, ungesalzene Mandeln, Kokosnuß, Avocado, Oliven, Aprikosen, Kirschen, Paranüsse, Feigen, Rosinen, Weintrauben, Orangen, Ananas.

Isoleucin Besteht aus 55 % Kohlenstoff, 10 % Wasserstoff, 24 % Sauerstoff, 11 % Stickstoff. Mo-

lekulargewicht 131. Beteiligt an der Einstellung der Thymusdrüse während der Kindheit und der Jugend sowie der Hirnanhangdrüse und der Milz während der Jugend in der Reife, vor allem in bezug auf das Wachstum und auf die Regeneration der Körpergewebe. Wichtiger Stoff bei der Erneuerung des Hämoglobins (in den roten Blutkörperchen). Hilft bei der Regulierung des allgemeinen Stoffwechsels.
Die folgenden Lebensmittel enthalten Isoleucinbestandteile: Alle Nüsse (außer Erdnüsse), Cashews und Kastanien, Avocados, Oliven, reife Papayas, Kokosnüsse, Sonnenblumenkerne, Schweizer Käse.

Leucin

Seine Zusammensetzung und sein Molekulargewicht entsprechen genau den Zahlen des Isoleucins. Der Unterschied besteht in der Anordnung der Atomketten, die bewirken, daß das Leucin rechtsdrehend ist, während die Atomketten des Isoleucins bewirken, daß dieses linksdrehend ist. Infolgedessen hat Leucin einen ausgleichenden Einfluß auf die Funktionen des Isoleucins.
Die Lebensmittel, die Bestandteile des Leucins enthalten, sind dieselben, die Bestandteile des Isoleucins enthalten.

Lysin

Besteht aus 49 % Kohlenstoff, 10 % Wasserstoff, 22 % Sauerstoff, 19 % Stickstoff. Molekulargewicht 146. Beteiligt an der Leber- und Gallenblasenfunktion, vor allem am Fettstoffwechsel. Unbedingt erforderlich für die Regulation und für das Zusammenwirken der Zirbeldrüse, der Milchdrüsen, des Gelbkörpers und der Eierstöcke. Verhindert

die Degeneration von Körperzellen und -geweben.
Folgende Lebensmittel werden als Lysinlieferanten benötigt: Karotten, Rüben, Gurken, Sellerie, Petersilie, Spinat, Löwenzahn, Steckrübenblätter, grüne und reife Papayas, Alfalfa, Sojabohnensprossen (jung, etwa 15 Zentimeter lang), Äpfel, Aprikosen, Birnen, Weintrauben.

Methionin Besteht aus 40 % Kohlenstoff, 7,5 % Wasserstoff, 21,5 % Sauerstoff, 9 % Stickstoff, 22 % Schwefel. Molekulargewicht 149. Ein wichtiger Bestandteil des Bluthämoglobins, der Gewebe und des Serums. Beteiligt an den Funktionen der Milz, der Bauchspeicheldrüse und der Lymphdrüsen.
Lebensmittel, die Methioninbestandteile liefern, sind: Rosenkohl, Kohl, Blumenkohl (roh), Sauerampfer, Grünkohl, Meerrettisch, Schnittlauch, Knoblauch, Brunnenkresse, Ananas, Äpfel, Paranüsse und Haselnüsse.

Norleucin Gehört ebenfalls zur Leucingruppe; die Zusammensetzung und das Molekulargewicht sind wie beim Isoleucin (siehe dort). Auch bekannt als Glycoleucin. Es ist linksdrehend und trägt dazu bei, die Funktionen und Aktivitäten der Leucingruppe ins Gleichgewicht zu bringen.

Phenylalanin Besteht aus 65,5 % Kohlenstoff, 7 % Wasserstoff, 19 % Sauerstoff, 8,5 % Stickstoff. Molekulargewicht 165. Beteiligt an der Beseitigung von Ausscheidungsstoffen – Abfall aus der Nahrung sowie verbrauchte Zellen und Gewebe im Körper. Beteiligt an der

Nieren- und Blasenfunktion. Verliert den größten Teil seiner Wirksamkeit bei Anwesenheit von Alkohol im Körper.
Lebensmittel, die die erforderlichen Bestandteile des Phenylalanins liefern, sind: Karotten, Rüben, Gurken, Spinat, Petersilie, Tomaten, Ananas, Äpfel.

Prolin

Besteht aus 52 % Kohlenstoff, 8 % Wasserstoff, 28 % Sauerstoff, 12 % Stickstoff. Molekulargewicht 115. Beteiligt an den Aktivitäten der weißen Blutkörperchen (Leukozyten). Reguliert ferner die Fettemulgierung.
Die folgenden Lebensmittel liefern Prolinbestandteile: Karotten, Rüben, Salat, Löwenzahn, Steckrüben, Gurken, ungesalzene Mandeln, Kokosnuß, Avocados, Oliven, Aprikosen, Kirschen, Paranüsse, Feigen, Rosinen, Weintrauben, Orangen, Ananas.

Serin

Besteht aus 34 % Kohlenstoff, 7 % Wasserstoff, 46 % Sauerstoff, 13 % Stickstoff. Molekulargewicht 105. Beteiligt an der Gewebereinigung im Körper, vor allem in den Geweben der Schleimhäute, der Lungen und der Bronchien. Unwirksam bei Anwesenheit von Nikotin (Tabakrauch).
Die folgenden Lebensmittel enthalten Bestandteile des Serins: Meerrettich, Rettiche, Lauch, Knoblauch, Zwiebeln, Karotten, Rüben, Sellerie, Gurken, Petersilie, Spinat, Kohl, Alfalfa, Papayas, Äpfel, Ananas.

Threonin

Besteht aus 48 % Kohlenstoff, 9 % Wasserstoff, 24 % Sauerstoff, 19 % Stickstoff. Molekulargewicht 119. Aktiv beim Austausch von Aminosäureatomen im Körper; stellt das

Gleichgewicht her zwischen der Kettenstruktur der Aminosäuren und ihren jeweiligen Funktionen.
Threonin ist enthalten in reifen Papayas, Karotten, Alfalfa und anderen grünen Blattgemüsen.

Thyroxin Besteht aus 23 % Kohlenstoff, 1,5 % Wasserstoff, 8 % Sauerstoff, 2 % Stickstoff, 65 % Jod. Molekulargewicht 777. Beteiligt an den Aktivitäten der Schilddrüse, der Hirnanhangdrüse, der Nebennieren und der Hoden. Hilft bei der Regulierung des allgemeinen Stoffwechsels und der Geschwindigkeit der willkürlichen und unwillkürlichen Reaktionen.
Lebensmittel, die Thyroxin enthalten, sind: Rotalgen, Seetang, Karotten, Sellerie, Salat, Spinat, Steckrüben, Tomaten, Ananas.

Tryptophan Besteht aus 65 % Kohlenstoff, 6 % Wasserstoff, 15 % Sauerstoff, 14 % Stickstoff. Molekulargewicht 204. Eine Substanz von grundlegender Bedeutung bei der Bildung von Zellen und Geweben im Körper, von den primären Geschlechtszellen bis zu den Geweben. Beteiligt an der Bildung und an den Funktionen der Magen- und Pankreassäfte. Trägt zur Leistungsfähigkeit des Gesichtssinnes bei.
Folgende Lebensmittel sind für die Aufrechterhaltung eines Tryptophangleichgewichts notwendig: Karotten, Rüben, Sellerie, Endivie, Löwenzahn, Fenchel, grüne Bohnen (roh), Rosenkohl (roh), Schnittlauch, Spinat, Alfalfa, Steckrüben.

Tyrosin

Besteht aus 59,5 % Kohlenstoff, 6 % Wasserstoff, 26,5 % Sauerstoff, 8 % Stickstoff. Molekulargewicht 181 Unbedingt erforderlich zur Bildung von roten und weißen Blutkörperchen. Beteiligt an der Bildung und Entwicklung von Körperzellen und -geweben. Unterstützt die Funktionen der Nebennieren, der Hirnanhang- und der Schilddrüse. Aktiver Bestandteil der Pigmentzellen im Haar.

Lebensmittel, die Thyrosin enthalten, sind: Alfalfa, Karotten, Rüben, Gurken, Salat, Löwenzahn, Steckrüben, Spargelspitzen (roh), Lauch, Petersilie, grüner Paprika, Spinat, Brunnenkresse, Mandeln (roh, ungesalzen), Schweizer Käse, Erdbeeren, Aprikosen, Kirschen, Äpfel, Wassermelonen, Feigen.

Valin

Besteht aus 51 % Kohlenstoff, 9,5 % Wasserstoff, 27,5 Sauerstoff, 12 % Stickstoff. Molekulargewicht 73. Beteiligt an der Funktion des Gelbkörpers, der Milchdrüsen und der Eierstöcke und an deren jeweiligem Zusammenwirken mit anderen Drüsen. *(Vergleiche das Schaubild der endokrinen Drüsen).*

Lebensmittel, die Valin enthalten, sind: Karotten, Steckrüben, Löwenzahn, Mandeln (roh, ungesalzen), Salat, Pastinaken, Kürbis (roh), Sellerie, Rüben, Petersilie, Okra, Tomaten, Äpfel, Granatäpfel.

Um zu erklären, wie die Atomketten in den verschiedenen Aminosäuren angeordnet sind, genügt es, die der Leucingruppe als Beispiel zu nennen:

Leucin: $(CH_3)_2$ $CHCH_2$ $CH(NH_2)$ COOH
(Summenformel: $C_6H_{13}O_2N$)
Isoleucin: CH_3 CH_2 CH (CH_3) CH (NH_2) COOH
(Summenformel: $C_6H_{13}O_2N$)
Norleucin: CH_3 $(CH_2)_3$ CH (NH_2) COOH
(Summenformel: $C_6H_{13}O_2N$)

Diese drei Aminosäuren haben zwar dieselbe Summenformel, aber die Art und Weise, wie sich die Atome zusammenfügen, verändert die Eigenschaften, die Wirkungen und Funktionen jeder Aminosäure.

Wenn wir die gewaltige Vielfalt dieser Atomkombinationen und die Arbeit, die sie zu tun haben, betrachten, können wir den Wert des Lebens in jedem Atom leicht begreifen. Wir können ferner den Grund verstehen, warum es für den Körper soviel einfacher ist, sein eigenes Eiweiß aufzubauen, als die toten, leblosen Moleküle aus gekochtem Fleisch von Tieren zu zerlegen.

Es ist ein seltsames Paradoxon, daß eine ganze Gemeinschaft zivilisierter Menschen gegen ein Tier zu den Waffen eilt, wenn es einen Menschen getötet oder verletzt hat, sich aber in feierlicher Stimmung versammelt, um einen hilflosen Vogel oder ein wehrloses Tier zu jagen und zu töten und dann seine leblosen Überreste zu essen. Schlimmer noch: Sie hegt und pflegt Vögel und andere Haustiere und schützt sie vor Krankheit und Gefahr, nur um sie zu töten, zu kochen und mit Genuß zu verspeisen!

Der Verzehr von Fleisch ist einzig und allein eine Frage des persönlichen Geschmacks, der eigenen Vorliebe und des eigenen Urteils. Er ist ganz und gar keine zwingende Notwendigkeit für die Versorgung des Körpers mit dem notwendigen Eiweiß.

Zusammenfassend möchte ich sagen: Ich weiß aus praktischer Erfahrung, daß **Fleischeiweiß** für den menschlichen Körper sowohl unnötig als auch schädlich ist. Schwere Muskelarbeit können Sie besser und mit geringerer Ermüdung ausführen, wenn Sie es sich zur Gewohnheit machen, Fleisch völlig vom Speiseplan zu streichen und sich das notwendige Eiweiß durch eine Vielfalt von frischem Obst, Salat und Gemüse sowie durch frische Säfte zuzuführen, die alle Wirkstoffe enthalten, die der Körper nutzen kann, um sein eigenes Eiweiß aufzubauen.

In ästhetischer und moralischer Hinsicht ist das Töten von Tieren, Vögeln und Fischen, das Kochen und Verzehren des Fleisches nicht das, was die Natur dem menschlichen Körper als Nahrung zugedacht hat. Das Leben dieser Tiere wurde ihnen vom selben Schöpfer gegeben, der uns Leben gab. Wir haben kein Recht, irgendein Tier seines Lebens zu berauben, und es ist noch schlimmer, einem Menschen sein Leben zu nehmen. Was die Schwingungen angeht, so sinken diese um mehrere Oktaven durch das Töten von Tieren, sei es zum Sport oder als Geschäft. Sie sinken noch mehr durch den Verzehr des Fleisches, und sinken unweigerlich auf das Niveau von Tieren herab. Zum Beispiel stehen die niederen Triebe, Alkoholneigung, Rauchgewohnheiten und das allgemeine Schwinden von Hemmungen offenbar in Verbindung mit der Fleischmenge, die gegessen wird. Wird dagegen auf Fleischverzehr verzichtet, ist ein besserer Gesundheitszustand, bessere Gewohnheiten, größeres Verständnis, mehr Energie, Kraft und Vitalität sowie ein höherer Intellekt die natürliche Folge.

Physiologisch betrachtet erhöht der Fleischverzehr den Säuregehalt des Körpers. Beim Verdauungsprozeß und bei der Zerlegung des Fleisches in seine ursprünglichen Aminosäuren bilden sich im Körper große Mengen an Harnsäure. Könnte der Körper diese sofort ausscheiden, würden sie vielleicht nur geringen Schaden anrichten. Tatsächlich nehmen aber die Muskeln enorme Mengen dieser **Harnsäure** auf. Schließlich bildet diese Säure Kristalle mit scharfen, nadelähnlichen Spitzen, die Schmerzen und die Beschwerden hervorrufen, die wir als Rheuma, Neuritis, Ischias, Gichtniere kennen und auch einige Krankheiten der Leber.

Im Laufe meiner Forschungen habe ich Tausende von Urinanalysen gemacht und habe ausnahmslos festgestellt, daß der Harnstoffgehalt im Urin von Fleischessern nur ein Zehntel bis ein Fünftel dessen betrug, was ausgeschieden werden sollte. Dies ist ein Zeichen dafür, daß die Muskeln das Fünf- bis Zehnfache dessen aufnehmen, was der Körper durch die Nieren ausscheiden sollte.

Gäbe es keine anderen Gründe für den Verzicht auf Fleischverzehr, so sollten es die Schmerzen und Beschwerden sein, die früher oder später infolge der Ansammlung von Harnsäure im Organismus entstehen.

Rohe Salate

Fast alle rohen Salate und Gemüse lassen sich mit Früchten zu Salaten kombinieren. Nach den Regeln der »Natürlichen Gesundheitslehre«* sollten Früchte möglichst nicht mit Salaten und Gemüse gemischt werden *(siehe auch »Lebensmittelkombinationstabelle«)*. Aber es gibt keine Regel ohne Ausnahme! In manchen Fällen sind Früchte, wie Äpfel, Grapefruits, Zitronen, Apfelsinen usw. durchaus geeignet, mit grünen Salaten gemischt zu werden *(siehe auch Harvey und Marilyn Diamond »Fit für's Leben« Teil II)*.

Wenn die in den Rezepten genannten Sorten an Ihrem Ort gerade nicht erhältlich sind, so nehmen Sie das, was sie bekommen können.

Passen Sie die Menge aller Bestandteile Ihrem eigenen Geschmack und Ihrem Appetit an. Für einen normalen Salat genügen jeweils ein oder zwei Eßlöffel voll der geriebenen oder geschnittenen Anteile. Wenn Sie Früchte, Salate und Gemüse aus Ihrer Umgebung nehmen und Ihre eigene Initiative und Erfindergabe nutzen, können Sie überraschend köstliche Salate zubereiten.

Betrachten Sie die folgenden Rezepte als Anregung, und lernen Sie daraus, wie man die Salate am besten zubereitet und zusammenstellt. Sie werden bald auf die Re-

* Wenn Sie an weiteren Informationen über die »Natürliche Gesundheitslehre« interessiert sind, so schreiben Sie bitte an die Gesellschaft für natürliche Lebenskunde e. V., 27723 Worpswede, Postfach 212.

zepte verzichten können und überrascht feststellen, wie leicht sie selbst originelle und gutschmeckende Salate zaubern können.

Wenn Sie eine Soße haben möchten, machen Sie eine »Gesundheitsmayonnaise«, wie sie im Kapitel »Salatsoßen« beschrieben wird, oder nehmen Sie Hüttenkäse oder Honig (oder beides). Vermeiden Sie Salatsoßen, die Essig, Gewürze oder Konservierungsstoffe enthalten, sie schädigen den Organismus.

Der Zweck dieses Kapitels ist es, Ihnen zu zeigen, wie verschiedene Salatarten entweder alleine oder als Kombination verwendet werden können.

Wenn Sie originelle Salatrezepte ausprobieren, empfiehlt es sich, nicht mehr als zwei oder drei Salatsorten oder Gemüse zu verwenden. Fügen Sie dem Salat etwas Süßes bei, um Eintönigkeit zu vermeiden.

Zwiebeln sind eine gute Beigabe zum Salat, aber Sie sollten sie nie fein hacken. Wenn sie fein gehackt werden, können die Duftstoffe der Zwiebeln den Geschmack überlagern und den ganzen Salat verderben.

Kürbis, Squash oder Zucchini sind Gemüse, die man am besten nicht fein raspelt, wenn sie als Salatbestandteil verwendet werden. Sie sollten in kleine Würfel geschnitten werden. Fein geriebener Kürbis ist jedoch eine gutschmeckende Beigabe zu geriebenen Äpfeln, z. B. in rohem Apfelmus, dem man etwas Honig zum Süßen hinzufügt. Der Kürbis sollte frisch und zart sein.

Wenn Sie Kopfsalat oder andere Salate, die sich zum Garnieren eignen, nicht bekommen können, so nehmen Sie als Dekoration Nüsse, getrocknete oder frische Früchte.

Wenn Sie die folgenden Rezepte zubereitet haben, werden Sie ohne weiteres in der Lage sein, Ihre eigenen Wege zu gehen.

Zubereitung von Salaten

Die in diesen Rezepten genannten Mengen reichen für eine Person aus.

Karotten **Rüben** **Steckrüben** **Kürbis** **weiße Rettiche** **Kartoffeln usw.**	Wenn ein Rezept verlangt, ein Gemüse zu reiben, reichen zwei bis vier Eßlöffel voll von einem Teil gut aus für einen Salat. Raspeln oder musen können Sie mit einer einfachen Handraspel oder auch sehr gut mit einem Champion-Entsafter oder jeder anderen Küchenmaschine. Wenn Sie in Würfeln oder Scheiben schneiden, halten Sie die Größe nicht zu klein.
Blattgemüse	Nehmen Sie zum Schneiden ein Messer oder einen Hacker. Sie können aber ebensogut einen Hobel oder eine Raspel nehmen. Etwa 1 bis 4 Eßlöffel voll von jedem Gemüse reichen pro Portion.
roher Blumenkohl	Schneiden Sie diesen in Scheiben oder hacken Sie ihn. Etwa 1 Eßlöffel voll pro Salat.
roher Spargel	Kann geschnitten werden. Verwenden Sie die Spitzen und soviel vom Stengel, bis er holzig wird. Nehmen Sie etwa 1 Eßlöffel voll pro Portion.

Paprika	können gerieben, gehackt oder in Scheiben geschnitten werden. Nehmen Sie etwa 1 Eßlöffel voll, wenn Sie reiben oder hacken oder etwa 4 Ringe, wenn Sie schneiden.
Brunnenkresse	Nehmen Sie etwa 6-10 Stengel mit Blättern pro Portion.
Avocados	Schälen Sie sie, schneiden Sie sie dann in halbe Scheiben und legen Sie sie kreisförmig auf den Salat. Gewöhnlich genügen 6 bis 10 Scheiben.
Brokkoli	Verwenden Sie ihn wie Spargel.

70 Salatrezepte

Erklärung der Abkürzungen:

EL	=	Eßlöffel,
TL	=	Teelöffel,
K	=	Kopf,
ST	=	Stangen,
Sch	=	Scheiben,
T	=	Tasse,
Bl	=	Blätter,
STi	=	Stiele,
R	=	Ringe,
l	=	Liter

Anmerkung: *Die Salate Nr. 1 bis 70 stellen jeweils 1 Portion dar.*

Nr. 1

2 EL Karotten	– gerieben
2 EL Salat	– geschnitten
1/2 Tomate, mittelgroß	– in kleine Stücke zerteilt
2 EL Sellerie	– gehackt
2/3 Persimone (Dattelpflaume*), mittelgroß	– geschält und zerteilt
2 EL Rosinen	– am besten kernlose Rosinen
2 EL Rotkohl	– fein geschnitten
1/2 Banane, groß	– in Stücke geschnitten
2–3 Datteln	– in kleine Stücke zerteilt
5 Rettiche, klein oder Radieschen	– geschnitten
1 Apfel, groß	– geschnitzelt
1/2 Avocado, mittelgroß	– geschält und der Länge nach in Scheiben geschnitten
1 Dattel, gehackte Walnüsse, 1 Maraschinokirsche, Brunnenkresse	

Ordnen Sie alles in Lagen an, beginnend mit Karotten, eine auf der anderen bis zur Banane. Legen Sie die Radieschen rund um das Gericht, den geriebenen Apfel in die Mitte, die Avocadoscheiben an die Seiten, eine geviertelte Dattel kreuzweise in die Mitte; streuen Sie darauf die Nüsse, und legen Sie die Maraschinokirsche in die Mitte. Garnieren Sie mit Brunnenkresse.

* Persimonen, eine orangefarbige Pflaumenart, die bei uns auch als Kakis bekannt sind. Sie können auch deutsche Hauspflaumen, Zwetschgen oder Eierpflaumen nehmen.

Nr. 2

2 EL Sellerie	– geschnitten
2 EL Karotten	– gerieben
2 EL Salat	– geschnitten
1 EL Zwiebeln	– gehackt
1/2 Tomate, mittelgroß	– gewürfelt
2 EL Rotkohl	– geschnitten
1 EL Kürbis	– gerieben
1 Apfel	– geschnitzelt
1 große Feige	– zerteilt
2 TL Honig*	
2 EL Walnüsse	– gehackt
	– alles gemischt
1/2 Avocado, mittelgroß	– geschält und der Länge nach in Scheiben geschnitten
5 Radieschen	– ganz lassen
Oliven	– gefüllt
Petersilie	

Ordnen Sie alles wie folgt in verschiedenen Lagen an:
Sellerie, dann Karotten, die Mischung aus Salat, Zwiebeln und Tomaten, Rotkohl, dann in die Mitte den Kürbis, dann die Mischung aus Apfel usw. Legen Sie die Avocadoscheiben und die Radieschen um die Seiten herum, die Oliven in die Mitte, und garnieren Sie mit Petersilie.

* Der amerikanischen Geschmacksrichtung entsprechend, hat Dr. Walker in mehreren Salat-Rezepten Honig vorgeschlagen. Diesen können Sie natürlich weglassen.

Nr. 3

1–2 ST. Spargel (roh) frisch	
6 grüne Bohnen (roh), frisch	
1/4 K. Salat, frisch und knackig	– grob geschnitten
2 EL Petersilie	– fein gehackt
1 Karotte, klein	– gerieben
50 g Hüttenkäse*, vorzugsweise Bauernart	
4–5 Pecan- und Walnußhälften	
1/2 Pfirsich, groß, frisch	
1/2 Avocado, mittelgroß	– geschält und der Länge nach in Scheiben geschnitten
Salatblätter	

Mischen Sie alles zusammen in einer Schüssel, außer dem Pfirsich, der Avocado, einigen Nußhälften und etwas Hüttenkäse. Arrangieren Sie frische Salatblätter auf einem Teller, und geben Sie die Mischung in Form eines Puddings auf den Teller. Bedecken Sie den ganzen »Pudding« mit dünnen Pfirsichscheiben und garnieren Sie mit dünnen Avocadoscheiben. Legen Sie den verbliebenen Hüttenkäse in die Mitte, und streuen Sie feingehackte Nüsse darauf.

* Hüttenkäse können Sie zur Abwechslung zugeben, braucht aber nicht zu sein.

Nr. 4

1/4 Kopf Salat,	
knackig und frisch	– grob geschnitten
2–3 ST Sellerie	– fein geschnitten
1/2 Gurke, groß	
(nicht schälen)	– geschnitten
1 EL Petersilie	– fein gehackt
3–4 Zwiebeln, kleine grüne	– fein gehackt
2–3 ST Spargel (roh)	– geschnitten
2 TL Blumenkohl	– gerieben
2 Rüben, mittelgroß,	
frisch und jung	– gerieben
1–3 EL Erbsen, frisch,	
zart, grün	– ganz lassen
1/2 Avocado, mittelgroß	
Salatblätter	

Arrangieren Sie die Salatblätter auf einem Teller, und legen Sie das obengenannte Gemüse in Lagen, jeweils abwechselnd wie angegeben; streuen Sie die ganzen grünen Erbsen über die Rüben, und garnieren Sie mit den Avocadostreifen.
(Wenn die Gurke mit der Schale geschnitten wird, wird die Schale sehr fein und leicht kaubar. Außerdem wird der Gurkensaft frei und gibt dem Salat Feuchtigkeit und Geschmack.)

Nr. 5

1/4 K Salat, knackig, frisch	
1–2 ST Sellerie	– geschnitten
1/2 Kartoffel (roh, mit Schale), klein	– fein gewürfelt
1 Karotte, mittelgroß	– gerieben
1/2 Zwiebel, groß	– fein gehackt
1 TL grüner Paprika,	– gehackt
1–2 Tomaten, reif	– in Scheiben geschnitten
50 g Hüttenkäse, vorzugsweise Bauernart	
1/2 Avocado, mittelgroß	– geschält und der Länge nach geschnitten
Salatblätter oder Endivie	

Arrangieren Sie alles geschnittene und geriebene Gemüse auf knusprigen Salat- oder Endivienblättern; bedecken Sie das ganze mit Tomatenscheiben; garnieren Sie mit Avocadostreifen, und setzen Sie ein Häufchen Hüttenkäse darauf, mit Paprika bestreut.

Nr. 6

1/2 Salat, fest, knackig	– geschnitten
1/2 Avocado, groß	– geschält und der Länge nach in Scheiben geschnitten
4 Sch Ananas, (vorzugsweise frisch)	
100 g Hüttenkäse, (vorzugsweise Bauernart)	
1 EL Petersilie	– fein gehackt
roter Paprika, süß, einige Streifen	
Endivien- oder Salatblätter	

Arrangieren Sie den Salat auf Endivien- oder Salatblättern, und bedecken Sie das ganze mit einer Lage Hüttenkäse. Verteilen Sie die Avocadostreifen über der Mitte des Gerichts, und legen Sie Ananasstücke auf jede Seite. Streuen Sie feingehackte Petersilie über das Ganze, und garnieren Sie mit Streifen aus süßem, rotem Paprika.

Nr. 7

1/2 K Salat, fest, knackig	– geschnitten
1–2 Karotten, groß und frisch	– gerieben
1/4 TL Rosinen, kernlos	
100 g Hüttenkäse	
Honig	

Arrangieren Sie den Salat auf einem Teller, bedecken Sie ihn mit einer Mischung aus geriebenen Karotten und einer Hälfte Rosinen. Gießen Sie 1 TL voll oder mehr Honig darüber, bedecken Sie alles mit Hüttenkäse, und garnieren Sie mit den restlichen Rosinen.

Nr. 8

1/2 T Kohl, frisch und knackig	– geschnitten
1/2 T Sellerie	– gewürfelt
1 EL Petersilie	– fein gehackt
3–4 BL Spinat	– geschnitten
1 Karotte, groß	– gerieben
1 EL Honig	
50–100 g Hüttenkäse	
1 Apfel, groß (oder geriebene, ungesüßte Ananas)	– gerieben
Petersilie, roher, süßer Paprika oder Radieschen zum Garnieren	

Arrangieren Sie Kohl, Sellerie und Spinat in Lagen auf einem Teller. Bedecken Sie das ganze mit der geriebenen Karotte, und gießen Sie so gleichmäßig wie möglich 1 EL Honig darüber: bedecken Sie alles mit Hüttenkäse, und geben Sie darauf den geriebenen Apfel oder die Ananas. Garnieren Sie mit Petersilienblättern und mit süßem rotem Paprika oder mit Radieschenscheiben.

Nr. 9

6–7 grüne Bohnen (roh und frisch)	– geschnitten
4–5 ST Spargel (roh und frisch)	– geschnitten
1/2 Gurke, groß (mit Schale)	– geschnitten
1 TL grüner Paprika	– gerieben
2–3 ST Sellerie, knackig	– gerieben oder fein gehackt
1–2 Karotten, groß, frisch	– gerieben
1/4 T Pecannüsse (oder Walnüsse)	– gehackt
1/2 T Weintrauben, kernlose, in Hälften oder Viertel	– geschnitten
1 Pfirsich, groß, frisch und reif	– der Länge nach dünn in Scheiben geschnitten

Mischen Sie alle Bestandteile in einer Schüssel, außer dem Pfirsich, den Nüssen und einigen Trauben. Arrangieren Sie alles auf knackigen Salatblättern und garnieren Sie mit Nüssen und mit Weintrauben, die in Hälften geschnitten sind. Wenn gewünscht, können Sie Honig hinzufügen.

Nr. 10

1/4 K Salat	– geschnitten
2–3 ST Spargel (roh, frisch)	– geschnitten
4–5 Zwiebeln	– fein gehackt
1 EL grüner Paprika	– gehackt
2–3 ST Sellerie knackig	– fein geschnitten
2 Tomaten, mittelgroß, fest und reif	– zerteilt
50 g Hüttenkäse	

Mischen Sie alles, außer den Tomaten und etwas Hüttenkäse. Arrangieren Sie es auf knackigen Salatblättern, und bedecken Sie das ganze mit dünnen Tomatenscheiben. Tun Sie darauf Hüttenkäse mit etwas Paprikagewürz.

Nr. 11

1/2 Kartoffel (roh, mit Schale) mittelgroß	– gerieben
1 Karotte, klein	
2–3 Selleriestangen	– fein gehackt
1 EL Petersilie	– fein gehackt
1 TL grüner Paprika	– gerieben
1 Apfel, groß, saftig	– gerieben
2 Rüben, jung, mittelgroß	– gerieben
1/4 T Nüsse (Pecan- oder Walnüsse)	– fein gehackt

Mischen Sie alles, außer dem Apfel und den Rüben sowie einigen Nüssen. Arrangieren Sie diese Mischung auf knackigen Salatblättern, bedecken Sie sie mit einer Lage aus geriebenem Apfel, und geben Sie darauf eine Lage aus geriebenen Rüben, die mit den gehackten Nüssen bestreut sind.

Nr. 12

1/2 T Rotkohl	– geschnitten
3–4 ST Spargel	– geschnitten
3–4 grüne Zwiebeln	– fein gehackt
3–4 ST Sellerie, frisch, knackig	– gerieben oder fein geschnitten
4–5 grüne Bohnen (roh und frisch)	– geschnitten
1–2 Tomaten, mittelgroß, fest, reif	– eine Hälfte in Scheiben geschnitten, eine Hälfte gewürfelt
1/2 Gurke, mittelgroß	– bewegen Sie die Gabel der Länge nach über die Gurke, drücken Sie so stark, daß die Schale bricht; machen Sie dünne Scheiben
1 TL grüner Paprika	– fein gerieben
50 g Hüttenkäse	
Paprika und Majoran	

Mischen Sie Kohl, Spargel, Zwiebeln, Sellerie, grüne Bohnen, eine gewürfelte Tomatenhälfte, den grünen Paprika und den größten Teil des Hüttenkäses in einer Schüssel. Bestreuen Sie das ganze mit Majoran. Arrangieren Sie das ganze auf einem Teller und garnieren Sie mit Salat- und Endivienblättern, und bedecken Sie das Gericht mit Tomatenscheiben. Legen Sie den verbliebenen Hüttenkäse darauf, und verteilen Sie die Gurkenscheiben außen am Rand des Salates. Würzen Sie mit etwas Paprika (zum Hüttenkäse und zu den Gurkenscheiben).

Nr. 13

1 EL Rotkohl	– geschnitten
1/4 K Salat, knackig	– fein geschnitten
2 EL Sellerie	– fein geschnitten
1 TL Petersilie	– fein gehackt
1/4 TL grüner Paprika	– gerieben
1 TL Hüttenkäse, (Bauernart)	– zu zwei Kugeln geformt
1/2 Avocado, groß	– geschält und der Länge nach geschnitten
reife Oliven	
Sellerie	– mit Avocadomus gefüllt, dem gemahlene Mandeln hinzugefügt wurden
1–2 EL Rüben, jung und zart	– gerieben

Mischen Sie Kohl, Salat, Sellerie, Petersilie und grünen Paprika. Geben Sie das ganze in die Mitte eines Tellers, garnieren Sie mit knackigen Salat- oder Endivienblättern; legen Sie darauf geriebene Rüben und ringsherum Avocadoscheiben. Die beiden Kugeln aus Hüttenkäse, mit Paprika bestreut, legen Sie an die Seiten des Hügels. Servieren Sie mit reifen Oliven und knackigem Sellerie, der mit Avocadomus und Mandeln gefüllt ist. (Das Mus wird bereitet, indem Sie eine reife Avocado zerdrücken und verrühren, bis sie weich und cremig ist, und dann mit feingehackten oder gemahlenen Mandeln vermischen.)

Nr. 14

1/2 K Salat, knackig-frisch	– geschnitten
6–8 Blätter Spinat,	– geschnitten
1 EL Petersilie	– fein gehackt
6–8 Zwiebeln	– fein gehackt
1/2 Gurke, groß, frisch, knackig, ungeschält	– in Scheiben geschnitten
Brunnenkresse	

Garnieren Sie den Teller mit Salat- oder Endivienblättern. Mischen Sie Spinat, Petersilie, Zwiebeln und Brunnenkresse, und verteilen Sie das Gemisch über die Blätter. Bedecken Sie das ganze mit Gurkenscheiben und streuen Sie etwas Paprika darüber.

Nr. 15

3–4 Zwiebeln	– fein gehackt
3–4 Salatblätter, frisch und knackig	– geschnitten
1 EL Petersilie	– fein gehackt
3–4 Radieschen, knackig-frisch	– geschnitten
3–4 ST Sellerie	– fein geschnitten
3–4 ST Spargel, (roh)	– geschnitten
1/4 T Erbsen, frisch, zart, grün, roh	
1/2 Gurke, mittelgroß, mit Schale	– geschnitten
1–2 Tomaten, mittelgroß, fest und rot	– in Ecken zerteilt

Mischen Sie alles, außer den Tomaten, und formen Sie daraus einen Hügel auf Salat- oder Endivienblättern. Um den Salat herum legen Sie Tomatenecken. Schweizer Käse schmeckt köstlich dazu.

Nr. 16

1/2 K Salat, klein, fest, knackig	– geschnitten
2–3 ST Sellerie	– fein geschnitten
2 EL Petersilie	– fein gehackt
2 Tomaten, mittelgroß fest, reif	– in Scheiben geschnitten

Garnieren Sie den Teller mit Endivienblättern, und geben Sie den geschnittenen Salat, den Sellerie und die Petersilie darauf, danach – abwechselnd – die Tomaten- und Avocadoscheiben.

Nr. 17

1/4 K Salat, knackig	– geschnitten
4–5 grüne Bohnen, (roh), frisch	– geschnitten
1/2 Gurke, groß mit Schale	– geschnitten
3–4 STi Brunnenkresse	– gehackt
1 TL grüner Paprika,	– gerieben
1 Tomate, groß, reif, fest	– in Scheiben geschnitten
50 g Hüttenkäse	

Mischen Sie alle geschnittenen und geriebenen Gemüse und formen Sie daraus einen Hügel auf knackigem Salat. Legen Sie darauf Tomatenscheiben und um den Rand Avocadoscheiben. Darauf geben Sie den Hüttenkäse.

Nr. 18

1 Tomate, sehr groß, weich, rot und fest	– schneiden Sie oben ein Stück weg, holen Sie das Innere heraus, und drükken Sie die Kanten oben leicht ein
3–4 ST Sellerie, frisch	– fein geschnitten
3–4 Zwiebeln	– fein gehackt
1/2 Gurke, mittelgroß, mit Schale	– geschnitten
50 g Hüttenkäse	
4 reife Oliven, groß	
grüner Paprika, süß	

Nachdem Sie die Kanten der Tomate eingedrückt haben, schneiden Sie die Ecken ein, um ein blütenähnliches Gebilde zu formen, das Sie ausgebreitet auf den Teller legen und mit Endivie garnieren. Füllen Sie die »Blüte« mit dem Inneren, das Sie aus der Tomate genommen haben, mit geschnittenem Sellerie, Zwiebeln, Gurke und mit genügend Hüttenkäse, um das Gemisch zusammenzuhalten. Darauf geben Sie den restlichen Hüttenkäse. Garnieren Sie mit den reifen Oliven.

Nr. 19

1 Apfel, sehr groß	– schälen Sie den Apfel, und entfernen Sie das Kernhaus. Schneiden Sie den Apfel in Ringe, die dünner als 1 cm sind und sofort in Zitronensaft getaucht werden
1 EL Petersilie	– fein gehackt
2–3 ST Sellerie	– fein geschnitten
1/2 Avocado, groß, reif	

Verteilen Sie den Sellerie auf Endivien- oder knackigen Salatblättern. Schälen Sie die Avocado und schneiden Sie sie um den Stein herum in dünne Ringe, die sie jeweils auf eine Apfelscheibe legen. Verteilen Sie diese Scheiben dekorativ über den Sellerie auf den Salatblättern, und streuen Sie die gehackte Petersilie darüber. Sie können dieses Gericht auch mit Schweizer Käse servieren.

Nr. 20

1 T Kohl, knackig	– fein geschnitten
2–3 ST Sellerie	– fein geschnitten
5–6 reife Oliven, in kleine Stücke geschnitten	
saure Sahne	

Mischen Sie alles, aber behalten Sie etwas Radieschen zum Garnieren. Mischen Sie soviel saure Sahne darunter, wie es Ihrem Geschmack entspricht. Wenn es etwas fade schmeckt, fügen Sie ein wenig Kräutersalz hinzu. Servieren Sie auf Salatblättern und verteilen Sie oben sehr dünne Radieschenscheiben.

Nr. 21

1/2 K Salat, knackig	– geschnitten
3–4 ST Sellerie	– fein geschnitten
1–2 Persimonen (Pflaumen), sehr reif	– geschält und zerteilt
50–100 g Hüttenkäse	
1/2 Dattel, groß, zum Garnieren	

Verteilen Sie den Salat und den Sellerie auf Endivienblättern, geben Sie darauf die Persimonenstücke und den Hüttenkäse mit der Dattelhälfte in der Mitte.

Nr. 22

1/2 Salat, klein, knackig	– geschnitten
3 ST Sellerie,	– fein geschnitten
1/2 T Backpflaumen*, frisch oder getrocknet,	– entkernt und kleingeschnitten
1 Apfel, groß, reif, saftig	– fein gerieben
1/2 T süße Schlagsahne (am besten roh),	– mit Honig gesüßt
Walnüsse	

Mischen Sie Sellerie, Salat, Backpflaumen und Apfel, und fügen Sie ausreichend honiggesüßte Schlagsahne hinzu, um die richtige Festigkeit zu erreichen. Servieren Sie auf knackigen Salatblättern, und geben Sie darauf die restliche Schlagsahne und die feingehackten Walnüsse.

**Wenn Sie getrocknete Backpflaumen verwenden, weichen Sie sie in lauwarmem Wasser über Nacht ein oder so lange, bis sie weich sind. Kochen Sie sie nicht.*

Nr. 23

1–2 Tomaten, groß, fest, reif	– geschält und in keilförmige Stücke zerteilt
1/2 Avocado, groß, reif	– geschält und der Länge nach geschnitten
50–100 g Hüttenkäse	
Endivie	

Verteilen Sie die Endivie auf einem Teller, und legen Sie darauf abwechselnd Tomatenstücke und Avocadoscheiben um den Rand. Häufen Sie im Zentrum den Hüttenkäse mit etwas Paprika an.

Nr. 24

1/2 T Ananas, ungesüßt	
1/2 Birne, mittelgroß	– gerieben
1 Apfel, klein	– gerieben
1/2 Kohl, knackig	– geschnitten
Pecannüsse	
1/2 T süße Schlagsahne, (am besten roh)	– mit Honig gesüßt

Mischen Sie Ananas, Birne, Apfel und Kohl behutsam mit zwei Gabeln und fügen Sie etwa die Hälfte der Schlagsahne hinzu. Verteilen Sie das ganze auf knackigen Salatblättern, und garnieren Sie mit der restlichen Schlagsahne und Pecannüssen.

Nr. 25

1/2 T Kohl, knackig	– geschnitten
1 EL Petersilie, fein gehackt	
2 ST Sellerie, knackig	– fein geschnitten
1 Karotte, groß	– geschnitten oder geraspelt
1 EL Honig	
50 Gramm	
1 Apfel, klein oder mittelgroß	– gerieben
1/2 Avocado, klein	– geschält und der Länge nach geschnitten

Verteilen Sie das Ganze in der angegebenen Reihenfolge auf Salatblättern auf einem Teller, und benutzen Sie die Avocado als Garnitur um den Rand. Etwas Petersilie oder Kresse können Sie in die Mitte legen.

Nr. 26

1 Steckrübe, süß, jung, mittelgroß	– geraspelt
1/2 T Rotkohl, knackig,	– geschnitten
1–2 ST Sellerie	– fein geschnitten
1 EL Petersilie	– fein gehackt
1/2 K Salat, klein,	– geschnitten
1/2 Avocado, mittelgroß	– geschält und der Länge nach geschnitten

Mischen Sie alles mit etwas Gesundheitsmayonnaise, indem Sie den Salat behutsam mit zwei Gabeln anmachen, und servieren Sie auf »Booten« aus Salatblättern. Garnieren Sie mit Avocadoscheiben und bestreuen Sie das Gericht mit Paprika.

Nr. 27

Nr. 1

1/2 T Kohl, knackig,	– geschnitten
1 TL grüner Paprika,	– gehackt
1–2 ST Sellerie, knackig	– fein geschnitten
Soße aus saurer Sahne	

Nr. 2

4–5 ST Sellerie, knackig	– fein geschnitten
1 Karotte, klein	– gerieben
Gesundheitsmayonnaise	

Nr. 3

1–2 ST Sellerie, knackig	– fein geschnitten
1 Rübe, mittelgroß, jung und zart	– geraspelt
1/2 K Salat, klein, knackig	– geschnitten
Zum Garnieren:	3 oder 4 kleine Radieschen, 1/4 Avocado und grüner Paprika

Mischen Sie die obengenannten Kombinationen separat in der Reihenfolge, in der die Bestandteile aufgezählt werden, und verwenden Sie jeweils die gewünschte Menge Soße. Häufen Sie das Ganze an. Arrangieren sie Endivienblätter auf einem großen Teller, und verteilen Sie diese drei Kombinationen in der Mitte, wobei Sie zwischen ihnen mindestens drei Zentimeter Platz lassen, damit sie nicht durcheinandergeraten. Garnieren Sie Nr. 1 mit dünnen Scheiben aus knackigen Radieschen, Nr. 2 mit Avocadostücken und Nr. 3 mit dünnen Streifen grünen Paprikas und einer gefüllten Olive. Servieren Sie dazu gefüllte Oliven, Schweizer Käse und Sellerie.

Nr. 28

1/3 T Kohl, knackig	– geschnitten
3–4 ST Sellerie	– fein geschnitten
1/2 K Salat, klein, knackig	– geschnitten
1 Karotte, mittelgroß	– gerieben
1 TL grüner Paprika	– gehackt
50 g Hüttenkäse	
Majoran, eine Prise	
Soße aus saurer Sahne	
zum Garnieren:	1/4 Avocado, in Streifen geschnitten, Streifen aus süßem, roten Paprika.

Mischen Sie das Gemüse mit saurer Sahne zum Abschmecken, wobei Sie behutsam zwei Gabeln benutzen. Verteilen Sie diese Mischung auf ein Häufchen in der Mitte eines knackigen Salat- oder Endievienblattes, und geben Sie eine Prise Majoran dazu. Geben Sie darauf Hüttenkäse, und garnieren Sie mit Avocado und den Paprikastreifen. Servieren Sie dazu Sellerie, der mit Sahnekäse und gehackten Pecannüssen gefüllt ist.

Nr. 29

1–2 Bananen, sehr reif	– gewürfelt
1/4 K Salat, klein, knackig	– geschnitten
2–3 ST Sellerie, knackig	– fein geschnitten
1 EL Rosinen, kernlos	
1/2 Birne, reif, fest	– gewürfelt
1/2 T süße Schlagsahne, (am besten roh)	– mit Honig gesüßt
2 EL Nüsse (Pecan- oder Walnüsse)	– fein gehackt

Mischen Sie alles mit einem Teil der Schlagsahne und der Nüsse, und verteilen Sie es hügelförmig auf knackigen Salat- oder Endivienblättern. Oben verteilen Sie die restliche Schlagsahne und die Nüsse.

Nr. 30

1–2 Äpfel, reif, saftig	– gerieben
5–6 BL Spinat, knackig und frisch	– geschnitten
3–4 ST Sellerie	– fein geschnitten
1/3 T. Rotkohl	– geschnitten
1 EL Petersilie	– fein gehackt

Mischen Sie die Hälfte der geriebenen Äpfel mit den gehackten Gemüsen, außer der Petersilie. Verteilen Sie das Ganze mitten auf knackige Salatblätter, und geben Sie darauf den restlichen Apfel und die gehackte Petersilie. Dazu können Sie dünne Scheiben Schweizer Käse servieren.

Nr. 31

1 Grapefruit, groß, reif, süß	– geschält, ohne die dünnen inneren Häute
1/2 Avocado, groß, reif, süß	– geschält und der Länge nach geschnitten
1/2 K Salat, klein, fest, knackig	– geschnitten
3–4 ST Sellerie	– fein geschnitten
50–100 g Hüttenkäse	
1 EL Pecannüsse	

Garnieren Sie einen Teller mit knackigen Salat- oder Endivienblättern, und formen Sie um den Rand ein Rad aus Grapefruitschnitzen und dünnen Avocadoscheiben (abwechselnd). Mischen Sie den Salat und den Sellerie, die Hälfte des Hüttenkäses und alle Pecannußhälften (alle außer einer feingehackt). Verteilen sie das Ganze in der Mitte des Tellers und geben Sie darauf den restlichen Hüttenkäse und eine Pecannußhälfte. Fügen Sie eine Prise Paprika hinzu.

Nr. 32

1 T Spinat, frisch	– geschnitten
1/2 Avocado, groß, reif	– geschält und zerdrückt, bis sie weich ist
2–3 ST Sellerie	– fein geschnitten
1/4 Zwiebel, mittelgroß	– fein gehackt
2 Tomaten, mittelgroß, reif, fest, rot	– holen Sie das Innere heraus
zum Garnieren:	reife Oliven und grüner Paprika

Mischen Sie Spinat, Avocado, Sellerie und Zwiebeln, und füllen Sie die Tomaten. Legen Sie sie auf einen Teller auf Endivienblätter, und garnieren Sie mit den Streifen süßen grünen Paprikas; legen Sie eine reife Olive in die Mitte jeder gefüllten Tomate. Dazu können Sie Sellerie, reife Oliven und Streifen aus Schweizer Käse servieren.

Nr. 33

1 T Spinat, groß, frisch	– geschnitten
1–2 Äpfel, klein, saftig	– gerieben
1–2 Persimonen, (Pflaumen), sehr reif	– geschält und zerteilt
2–3 ST Sellerie	– fein geschnitten
Hüttenkäse	
1–2 EL Avocado, klein	– geschält und der Länge nach geschnitten

Mischen Sie Spinat, Äpfel, Persimonen und Sellerie, und servieren Sie das Ganze, bedeckt mit Hüttenkäse und garniert mit Avocadostreifen und einer Prise Paprika, auf Salatblättern.

Nr. 34

1/2 K Salat,	
klein, knackig und fest	– geschnitten
1/4 T Kohl, knackig	– geschnitten
1/4 Kartoffel (roh), mittelgroß	– gerieben
1/4 T Mandeln,	– gerieben oder gemahlen
1 TL süßer grüner Paprika,	– gehackt
50–100 g Hüttenkäse	
6–8 Pecannußhälften	
1/2 Avocado, klein	– geschält und der Länge nach geschnitten
eine Prise Majoran	

Mischen Sie Salat, Kohl, Kartoffeln, grünen Paprika, Majoran und Mandeln, und verteilen Sie alles auf knackigen Salat- oder Endivienblättern. Bedecken Sie den Rand des Häufchens mit Avocadoscheiben und Pecannußhälften. Geben Sie darauf Hüttenkäse und eine Prise Paprika.

Nr. 35

1 Karotte, mittelgroß	– gerieben
1 T Spinat, frisch und knackig	– geschnitten
1/4 K Salat, fest und knackig	– geschnitten
1 EL Petersilie, fein gehackt	
50–100 g Hüttenkäse	
1 Apfel, groß - gerieben	
1/4 Avocado, mittelgroß	– geschält und der Länge nach geschnitten
4–5 Datteln	– fein gehackt
1 TL Honig	

Mischen Sie Karotten, Spinat, Salat und Petersilie in einer Schüssel, und fügen Sie etwa 1 EL voll Hüttenkäse hinzu, dem Sie genügend Sahne beigegeben haben, um ihm die Konsistenz einer Salatsoße zu verleihen. Verteilen Sie diese Mischung auf knackigen Salatblättern auf einem Teller, gießen Sie Honig darüber, und legen Sie gehackte Datteln darauf. Fügen Sie eine Lage aus geriebenem Apfel hinzu, und verteilen Sie darauf den restlichen Hüttenkäse, die Avocadostreifen und eine Prise Paprika.

Nr. 36

1/3 Kohl, knackig	– geschnitten
3–4 ST Sellerie, frisch und knackig	– geschnitten
1 EL Petersilie	– fein gehackt
1 TL Honig	
Apfel, groß	– gerieben
1/2 Banane, groß, reif	– in Scheiben geschnitten
1–2 Persimonen, reif	– geschält und zerteilt
50–100 g Hüttenkäse	

Garnieren Sie einen Teller mit Endivie, und verteilen Sie die obengenannten Teile in Lagen in der angegebenen Reihenfolge, außer den Persimonen und dem Hüttenkäse. Verteilen Sie die Persimonenstücke um den Rand der Lagen, und bedecken Sie das Gericht mit Hüttenkäse und etwas Petersilie oder Kresse in der Mitte.

Nr. 37

1 Karotte, groß	– gerieben
1 T Spinat, frisch und knackig	– geschnitten
1/2 K Salat, klein und knackig	– geschnitten
2–3 ST Sellerie	– geschnitten
1/3 Avocado, groß	– geschält, zerdrückt und geschlagen, bis sie leicht und locker ist
50–100 g Hüttenkäse	
1 Apfel, mittelgroß, saftig	– gerieben
1 EL Petersilie	– fein gehackt
1 TL Honig	

Mischen Sie Spinat, Salat, Sellerie und die zerdrückte Avocado, und verteilen Sie eine Lage davon auf einem Teller, garniert mit knackigen Salat- oder Endivienblättern. Bedecken Sie das Ganze mit einer Lage aus geriebenen Karotten, gießen Sie Honig darüber, und fügen Sie eine Lage aus Hüttenkäse hinzu, dann den geriebenen Apfel. Garnieren Sie mit der gehackten Petersilie.

Nr. 38

1/3 T Kohl, knackig	– geschnitten
5–6 Datteln	– fein gehackt
1 EL Petersilie	– fein gehackt
1/4 K Salat, fest und knackig	– geschnitten
Brunnenkresse	– fein gehackt
1 TL Honig	
1 Apfel, groß oder mittelgroß	– gerieben
50–100 g Hüttenkäse	
1/4 Avocado	– geschält und der Länge nach geschnitten

Garnieren Sie einen Teller mit Endivie oder knackigen Salatblättern, und bedecken Sie sie mit einer Lage aus Kohl, dann Datteln und Petersilie, Salat und Kresse; darauf gießen Sie Honig. Bedecken Sie das Ganze mit einer Lage aus Apfel, dann Hüttenkäse. Verteilen Sie dünne Avocadoscheiben um den Rand des Häufchens, und legen Sie etwas Petersilie in die Mitte. Fügen Sie eine Prise Paprika hinzu.

Nr. 39

2–3 ST Sellerie	– geschnitten
1/4 K Salat, fest und knackig	– fein geschnitten
1 Karotte, mittelgroß	– gerieben
3–4 Feigen*	– fein geschnitten
Brunnenkresse	– fein gehackt
50–100 g Hüttenkäse	
1 Apfel, saftig, groß oder mittelgroß	– gerieben
1 TL Honig	

Verteilen Sie die Salatblätter auf einem Teller und fügen Sie Lagen aus Salat, Sellerie, Karotten, Feigen und Kresse hinzu. Gießen Sie Honig darauf, und bedecken Sie alles mit Hüttenkäse. Darauf geben Sie den geriebenen Apfel und etwas Kresse.

*Wenn Sie Trockenfeigen verwenden, weichen Sie sie in lauwarmem Wasser ein, bis sie weich sind. Kochen Sie sie nicht.

Nr. 40

3–4 ST Sellerie	– fein geschnitten
1/4 K Salat, klein und knackig	– geschnitten
1 EL Petersilie	– fein gehackt
2 Rüben, klein oder mittelgroß, frisch und zart	– geraspelt
1 Apfel, groß	– gerieben
50–100 g Hüttenkäse	
1 TL Honig	

Verteilen Sie eine Lage aus Sellerie, Salat und Petersilie auf knackigen Endivienblättern, und gießen Sie Honig darauf. Bedecken Sie das ganze mit einer Lage aus geriebenen Rüben, dann mit dem Apfel, und geben Sie darauf Hüttenkäse mit einer Prise Paprika und etwas Petersilie in der Mitte.

Nr. 41

2 Winterbirnen, groß, saftig	– in Würfel geschnitten
1/2 K Salat, knackig-fest	– in mittelgroße Stücke geschnitten
5–6 Datteln	– fein geschnitten
1/2 T süße Schlagsahne (am besten roh)	– mit Honig gesüßt

Mischen Sie genügend Schlagsahne mit Birnen, Salat und Datteln entsprechend Ihrem Geschmack, und servieren Sie in Salatschalen. Geben Sie darauf die restliche Schlagsahne und eine halbe Dattel.

Nr. 42

2 Karotten	– gerieben
2 EL Spinat	– gehackt
1/2 Banane, mittelgroß, reif	– gewürfelt
2 EL Rosinen	
2 EL Rotkohl	– geschnitten
2 EL Salat, frisch und knackig	– geschnitten
2 EL grüner Paprika	– gehackt
1/2 Persimone, (Pflaume) groß	– geschält und zerteilt
1 Apfel, mittelgroß	– gerieben
1/3 Avocado, mittelgroß, reif	– geschält und der Länge nach geschnitten
Petersilie	
8–10 Mandeln, roh	– ganz oder gehackt

Geben Sie auf knackige Salatblätter eine Lage aus geriebenen Karotten, dann den Spinat, und verteilen Sie darauf alle anderen Teile, einen auf dem anderen, in der angegebenen Reihenfolge. Die Persimonenschnitze können um die Mitte der Mischung angeordnet werden, und die Avocadoscheiben kreisförmig darum herum. Verwenden Sie die Petersilie und die ganzen oder gehackten Mandeln zum Garnieren.

Nr. 43

2 EL Kohl	– geschnitten
2 EL Spinat	– geschnitten
2 Sellerie	– fein geschnitten
1 EL Brokkoli	– geschnitten
Erbsen, roh, frisch, zart, grün,	
2 EL Hüttenkäse, 50 g Honig	
1 Apfel, mittelgroß	– gerieben
1 Ring grüner Paprika	
1 Radieschen	

Verteilen Sie alles in der angegebenen Reihenfolge, Lage für Lage, auf einem großen Salatteller. Geben Sie den Hüttenkäse mit Honig darüber, bevor sie den geriebenen Apfel hinzufügen. Behalten Sie zwei Eßlöffel voll Hüttenkäse zum Garnieren. Legen Sie den Paprikaring in die Mitte der Apfellage. Den Hüttenkäse geben Sie in die Mitte des ganzen Gerichts und setzen das Radieschen darauf.

Nr. 44

2 EL Salat	– geschnitten
2 EL Sellerie	– fein geschnitten
2 EL Spinat	– geschnitten
1 EL grüner Paprika	– gehackt
2 EL Erbsen, roh, frisch, zart, grün,	
1 große Blüte Blumenkohl, roh	
3 Radieschen zu Rosetten geschnitten	– dazu reinigt man die Radieschen gründlich, schneidet oben ein Stück ab und schält mit einem Schälmesser behutsam die rote Haut vom Ende her wie ein Blütenblatt ab
1/2 Avocado, mittelgroß	
1 Apfel, mittelgroß	
50 g Hüttenkäse	
Honig	

Verteilen Sie Salat, Sellerie, Spinat, grünen Paprika und Erbsen Lage für Lage auf einen großen Salatteller. Verteilen Sie darauf den Hüttenkäse und gießen Sie Honig darüber. Behalten Sie etwa einen Teelöffel voll Hüttenkäse zum Garnieren. Fügen Sie den geriebenen Apfel hinzu. Legen Sie den Blumenkohl in die Mitte. Teilen Sie den Hüttenkäse in drei vom Blumenkohl gleich weit entfernte Tupfer, und legen Sie in die Mitte jedes Tupfers eine Radieschenrosette. Verteilen Sie dicke Avocadoscheiben um den Rand des Salates.

Nr. 45

2 EL Kohl	– geschnitten
2 EL Salat	– geschnitten
2 EL Sellerie	– fein geschnitten
1 EL Brokkoli	– geschnitten
1 EL Spinat	– geschnitten
1 Ring grüner Paprika	
1 Apfel, mittelgroß, süß und reif	
50 g Hüttenkäse	
1 Radieschen Rosette	(vgl. Salat Nr. 44)
Honig	

Verteilen Sie das geschnittene Gemüse in Lagen auf einem Tablett oder in einem großen Suppenteller, geben Sie darauf die Hälfte des Hüttenkäses, gießen Sie Honig darüber, bedecken Sie das Ganze mit dem geriebenen Apfel. Häufen Sie den restlichen Hüttenkäse in der Mitte auf, und legen Sie darauf den Paprikaring mit der Radieschenrosette in der Mitte.

Nr. 46

2 EL Sellerie	– gewürfelt
2 EL Rübe, rot und süß, roh	– raspeln
2 EL Kohl	– geschnitten
1 Apfel, mittelgroß, süß	– gewürfelt
2 EL Schlagsahne	
2 EL Walnüsse	
Honig	

Mischen Sie die geraspelte Rübe, den Sellerie, den Kohl, den Apfel und die Hälfte der Schlagsahne (die nach Geschmack mit Honig gesüßt wurde). Verteilen Sie das Ganze auf einem Salatteller, geben Sie darauf die restliche Schlagsahne, und streuen Sie darüber die gehackten oder geschnittenen Walnüsse.

Nr. 47

2 EL Kohl	– geschnitten
2 EL Sellerie	– fein geschnitten
1 EL Brokkoli	– geschnitten
1 EL Blumenkohl	– geschnitten
1 EL Spinat	– geschnitten
50 g Hüttenkäse	
1 Apfel, mittelgroß, süß	– gerieben
1 Ring grüner Paprika	
2 Ringe roter Paprika, süß	
Honig	

Verteilen Sie die geschnittenen Gemüse in der angegebenen Reihenfolge in Lagen in einem Suppenteiller. Geben Sie die Hälfte des Hüttenkäses darüber, gießen Sie Honig darauf, fügen Sie eine Lage aus geriebenem Apfel hinzu, und geben Sie den restlichen Hüttenkäse in die Mitte; den grünen Paprikaring legen Sie darauf. Schneiden Sie die beiden roten Paprikaringe in Hälften, verteilen Sie drei Hälften um den Rand des Salates, und schneiden Sie die vierte Hälfte oben auf den Hüttenkäse in den grünen Paprikaring hinein.

Nr. 48

2 EL Kohl	– geschnitten
2 EL Sellerie	– fein geschnitten
1 EL Blumenkohl	– geschnitten
1 EL Karotte	– gerieben
1 EL Brokkoli	– geschnitten
1 EL Spinat	– geschnitten
3 R grüner Paprika	
50 g Hüttenkäse	
1 Apfel, mittelgroß, süß	– gerieben
Honig	
3 Radieschen	
1 Olive, reif	

Verteilen Sie das geschnittene und geriebene Gemüse in der angegebenen Reihenfolge in Lagen auf einem Salatteller. Geben Sie die Hälfte des Hüttenkäses darauf, gießen Sie Honig darüber, und bedecken Sie das Ganze mit einer Lage aus dem feingeriebenen Apfel. Verteilen Sie grüne Paprikaringe um den Rand des Salates, und legen Sie jeweils ein Radieschen hinein. Geben Sie den restlichen Hüttenkäse in die Mitte des Salates, und legen Sie die reife Olive darauf.

Nr. 49

2 EL Kohl	– geschnitten
2 EL Spinat	– geschnitten
2 EL Sellerie	– fein geschnitten
1 Kürbis, mittelgroß, grün, roh (kleine Art)	– gewürfelt
2 R grüner Paprika	
50 g Hüttenkäse	
2 Tomaten, mittelgroß	– in Scheiben geschnitten

Das geschnittene Gemüse können Sie in Lagen verteilen. Fügen Sie den gewürfelten Kürbis und die Hälfte des Hüttenkäses hinzu, und legen Sie darauf die Tomatenscheiben. Garnieren Sie mit dem Rest des Hüttenkäses und den grünen Paprikaringen.

Nr. 50

2 EL Kohl	– geschnitten
1 EL Spinat	– geschnitten
2 EL Sellerie	– fein geschnitten
1 Radieschen	
2 EL Zucchini, roh	– gewürfelt
1/2 Gurke, mittelgroß	– gewürfelt
1 EL spanische Zwiebeln, süß	– fein gehackt
1 R grüner Paprika	
2 Tomaten, mittelgroß, fest und reif	– in Scheiben geschnitten
50 g Hüttenkäse	

Das gehackte und in Scheiben geschnittene Gemüse können Sie in Lagen auf einem Salatteller verteilen. Geben Sie darauf einen Tupfer aus Hüttenkäse (die Hälfte), legen Sie die Tomatenscheiben (mit dem restlichen Hüttenkäse in der Mitte) darauf und darüber die grünen Paprikaringe und in die Mitte das Radieschen.

Nr. 51

2 EL Kohl	– geschnitten
1 EL Spinat	– geschnitten
2 EL Sellerie	– fein geschnitten
1 Kürbis, mittelgroß, roh (kleine Art)	– gewürfelt
1 R grüner Paprika	
1/2 Avocado, mittelgroß, reif und fest	– der Länge nach in Scheiben geschnitten
50 g Hüttenkäse	
2 Tomaten, mittelgroß, reif und fest	

Verteilen Sie das gehackte und gewürfelte Gemüse in Lagen, geben Sie die Hälfte des Hüttenkäses darüber, dann fügen Sie die Tomatenscheiben hinzu. Legen Sie die Avocadoscheiben wie Blütenblätter oder Radspeichen oben auf den Salat. Geben Sie den restlichen Hüttenkäse in die Mitte und darauf den grünen Paprikaring.

Nr. 52

2 EL Kohl	– geschnitten
2 EL Salat	– geschnitten
1 EL grüne Bohnen, roh, frisch und knackig	– geschnitten
2 EL Sellerie	– fein geschnitten
1 EL Spinat	– geschnitten
1 R grüner Paprika	
1/2 Avocado, mittelgroß, fest und reif	
50 g Hüttenkäse	
2 Tomaten, mittelgroß, fest und reif	

Verteilen Sie das Gemüse in der angegebenen Reihenfolge in Lagen auf einem großen Salatteller. Geben Sie darüber einen Tupfer Hüttenkäse (die Hälfte) und darauf die Tomatenscheiben. Verteilen Sie Avocadowürfel in der Mitte des Salates und darüber den restlichen Hüttenkäse, und zerschneiden Sie den grünen Paprika über dem Hüttenkäse.

Nr. 53

1 EL Salat	– geschnitten
2 EL Kohl	– geschnitten
1 EL Sellerie	– fein geschnitten
1 ST Spargel (roh)	– geschnitten
1 EL Erbsen (roh)	
3 R Paprika,	– fein geschnitten
1 Apfel	– gerieben
1/2 Avocado, reif, mittelgroß	
1 EL Frühlingszwiebel, grün	– fein geschnitten
1 Karotte, mittelgroß	– gerieben
Kräutersalz	
Honig	

Verteilen Sie Salat, Kohl, Sellerie, Spargel, Erbsen und die feingeschnittenen 2 Paprikaringe in der angegebenen Reihenfolge in Lagen auf einem Salatteller. Darüber verteilen Sie den geriebenen Apfel, auf den oder in den Sie ein wenig Honig geben. Machen Sie aus der Avocado eine weiche, sahneartige Mischung (indem Sie sie mit einer Gabel zerdrücken und schlagen), in die Sie die feingehackte grüne Frühlingszwiebel (oder eine junge Zwiebel) mit einem Teelöffel Honig hineinmischen (erwärmen Sie den Honig etwas, damit er flüssig wird), und fügen Sie nach Geschmack ein wenig Kräutersalz hinzu. Verteilen Sie diese Mischung über den Apfel, so daß der ganze Salat bedeckt wird. Legen sie darauf in die Mitte einen Ring Paprika, in den Sie einen gehäuften TL voll feingeriebene Karotten geben. In die Mitte der Karotten legen Sie zur Dekoration entweder eine Radieschenrosette, eine Olive, etwas Petersilie oder das kleine Blattinnere einer Selleriestaude wie eine Palme in der Wüste.

Nr. 54

2 EL Salat	– grob geschnitten
2 EL Sellerie	– gewürfelt
1/4 Gurke, mittelgroß	– gewürfelt
4 R grüner Paprika	
4–6 Radieschen, mittelgroß	– gewürfelt
1/2 Avocado, mittelgroß	– der Länge nach in Scheiben geschnitten
50 g Hüttenkäse	
2 Tomaten, mittelgroß, fest und reif	– der Länge nach in dicke Ecken geschnitten

Verteilen Sie den Salat und das gewürfelte Gemüse in der angegebenen Reihenfolge in Lagen. Geben Sie darauf Tupfer aus Hüttenkäse (die Hälfte). Verteilen Sie die längsgeschnittenen Avocado- und Tomatenscheiben abwechselnd über das Ganze, und geben Sie den verbliebenen Hüttenkäse in die Mitte.

Nr. 55

2 EL Salat	– grob geschnitten
5 R grüner Paprika	– geschnitten
2 EL Kohl	– geschnitten
2 EL Sellerie	– fein gehackt
1/2 Gurke, mittelgroß	– gewürfelt
1 EL Erbsen, roh, frisch, grün,	
50 g Hüttenkäse, zart	
2 Tomaten, mittelgroß	– in Scheiben geschnitten

Legen Sie den Salat und das geschnittene und gewürfelte Gemüse in der angegebenen Reihenfolge in Lagen. Darüber geben Sie eine Lage aus der Hälfte des Hüttenkäses, legen die Tomatenscheiben darauf und formen aus dem restlichen Hüttenkäse einen eingedrückten Hügel in der Mitte. Ins Zentrum dieses Hügels legen Sie die frischen grünen Erbsen.

Nr. 56

2 EL Salat	– grob geschnitten
2 EL Spinat	– geschnitten
2 EL Sellerie	– gewürfelt
1 Gurke, mittelgroß	– gewürfelt
2 Tomaten, mittelgroß	
oder 1 große Avocado	

Mischen Sie mit zwei Gabeln behutsam Salat, Spinat, Sellerie, Gurke und die Hälfte der Tomaten, die Sie zu Ecken geschnitten haben. Garnieren Sie mit der verbliebenen Tomate und mit der Avocado.

Nr. 57

Salat (wählen Sie gleichgroße, frische, knackige Blätter aus)	
Gurke, mittelgroß	– gewürfelt
2 EL Sellerie	– gewürfelt
2 EL grüne Limabohnen, roh, frisch und jung	
2 EL Spinat	– fein geschnitten
1/2 Avocado, mittelgroß	– in Scheiben geschnitten
1 EL Hüttenkäse	

Verteilen Sie die Salatblätter auf den Rand eines Salattellers. In die Mitte geben Sie in Lagen die Gurken- und Selleriewürfel, die Limabohnen und den Spinat. Darüber legen Sie die Avocadoscheiben und darauf dünne Tomatenscheiben und in die Mitte den Hüttenkäse.

Nr. 58

1 Gurke	– gewürfelt
2 EL Sellerie	– gewürfelt
2 Tomaten, mittelgroß, fest und reif	– gewürfelt
1/2 Avocado, mittelgroß	– gewürfelt
50 g Schweizer Käse	– gewürfelt

Machen Sie die obengenannten Bestandteile mit zwei Gabeln behutsam an, und servieren Sie entweder so oder auf knackigen Salatblättern.

Nr. 59

2 EL Salat	– geschnitten
2 EL Kohl	– geschnitten
1 EL Spinat	– geschnitten
2 EL Sellerie	– fein geschnitten
1 EL dunkelgrüne Zucchini	– geschnitten
1 EL grüne Bohnen, roh, frisch und zart	– geschnitten
1 R grüner Paprika	
1/2 Avocado, mittelgroß	– in Scheiben geschnitten
2 Tomaten, mittelgroß	– in Scheiben geschnitten
50 g Hüttenkäse	

Verteilen Sie das geschnittene Gemüse in der obengenannten Reihenfolge auf einem Salatteller. Bedecken Sie das Ganze mit Avocado-, dann mit den Tomatenscheiben, und geben Sie darauf den Hüttenkäse.

Nr. 60

2 EL Kohl	– geschnitten
1 EL Spinat	– geschnitten
2 EL Sellerie	– fein geschnitten
2 EL grüne Bohnen	– geschnitten
1/2 Gurke, mittelgroß	– gewürfelt
3 R grüner Paprika	
1/2 Avocado, mittelgroß	– in Scheiben geschnitten
2 Tomaten, mittelgroß	– in Scheiben geschnitten
50 g Hüttenkäse	

Legen Sie das geschnittene und gewürfelte Gemüse in der angegebenen Reihenfolge in Lagen. Darauf legen Sie die Avocadoscheiben und fügen die Tomatenscheiben hinzu. Legen Sie die drei grünen Paprikaringe Seite an Seite oben auf. Formen Sie aus dem Hüttenkäse drei Bälle, und legen Sie jeweils einen in die Paprikaringe.

Nr. 61

2 EL Salat	– geschnitten
2 EL Kohl	– geschnitten
2 EL Sellerie	– fein geschnitten
2 EL Spinat	– geschnitten
1 EL grüne Bohnen, roh, frisch, zart	– geschnitten
1/2 Gurke, mittelgroß	– gewürfelt
100 g Hüttenkäse	
2 Tomaten, mittelgroß	

Verteilen Sie das gewürfelte und geschnittene Gemüse in Lagen. Geben Sie darauf Tupfer aus Hüttenkäse (etwa die Hälfte), decken Sie dünn geschnittene Tomatenscheiben darüber, und machen Sie mit dem restlichen Hüttenkäse in der Mitte ein Kreuz.

Nr. 62

2 EL Salat	– geschnitten
4–5 Radieschen	– geschnitten
2 EL Sellerie	– geschnitten
2 EL Spinat	– geschnitten
1 EL Zucchini	– gewürfelt
1/2 Gurke, mittelgroß	– in etwa 1/3 cm dicke Scheiben geschnitten
3 R grüner Paprika	– gewürfelt
2 Tomaten, mittelgroß	
100 g Hüttenkäse	

Legen Sie das geschnittene und gewürfelte Gemüse, außer dem grünen Paprika, in Lagen auf einen Salatteller, geben Sie darauf Tupfer aus Hüttenkäse (etwa die Hälfte), und legen Sie darauf Tomatenscheiben. Mischen Sie den gewürfelten grünen Paprika mit dem verbliebenen Hüttenkäse, und formen Sie daraus einen Hügel in der Mitte des Salates. Verteilen Sie die Gurkenscheiben auf dem Teller um den Rand des Salates herum.

Nr. 63

2 EL Sellerie	– fein geschnitten
2 EL Salat	– geschnitten
1 Spinat	– geschnitten
1 EL Kohl	– geschnitten
1 EL Zucchini	– gewürfelt
1 R grüner Paprika	
2 EL Schlagsahne	– mit Honig gesüßt
1/2 Pfirsich, reif, süß und frisch	
1 EL Trauben, reif und süß	
4–5 Feigen, frisch und reif, groß	

Machen Sie das geschnittene und gewürfelte Gemüse behutsam mit zwei Gabeln an, zusammen mit einem Eßlöffel voll Schlagsahne. Geben Sie das Ganze auf einen großen Salatteller, und legen Sie dünne Pfirsichscheiben darauf. Schälen Sie die Feigen, und verteilen Sie sie, diagonal zerteilt, um den Rand des Tellers. Geben Sie die verbliebene Schlagsahne in die Mitte, und legen Sie darauf die Trauben, die Sie sorgfältig entstielt und gewaschen haben.

Nr. 64

2 EL Sellerie	– fein geschnitten
2 EL Salat	– geschnitten
1 EL Spinat	– geschnitten
1 EL Zucchini, dunkelgrün	– gewürfelt
3 R grüner Paprika	
1/2 Avocado, mittelgroß	
2 Pfirsiche, frisch, reif und süß	
4–5 Feigen, groß, frisch	– geschält und gewürfelt
2 EL Walnüsse	– fein gehackt
Honig	

Verteilen Sie das geschnittene und gewürfelte Gemüse in Lagen auf einem großen Salatteller. Fügen Sie eine Lage dünngeschnittene Pfirsichscheiben hinzu, und gießen Sie Honig darauf. Legen Sie die drei grünen Paprikaringe nebeneinander in die Mitte des Tellers, und füllen Sie jeden mit den gewürfelten Feigen. Streuen Sie die gehackten Walnüsse darüber.

Nr. 65

2 EL Kohl	– geschnitten
2 EL Salat	– geschnitten
2 EL Sellerie	– fein geschnitten
1 EL Spinat	– geschnitten
1 EL Zucchini	– gewürfelt
1 R grüner Paprika	
1 Birne, klein, frisch	
Feigen, frische	
100 g Hüttenkäse	
Honig	

Verteilen Sie das geschnittene und gewürfelte Gemüse wie oben angegeben in Lagen auf einen großen Salatteller. Geben Sie darauf Tupfer aus Hüttenkäse (etwa die Hälfte), und gießen Sie etwas Honig darauf. Schälen Sie die Birne sehr dünn, und schneiden Sie sie dünn auf den Hüttenkäse. Schälen Sie die Feigen, und verteilen Sie sie in schräg geschnittenen Scheiben um den Rand des Salates. Gießen Sie etwas Honig darüber.

Nr. 66

2 EL Kohl	– geschnitten
2 EL Sellerie	– fein geschnitten
2 EL Salat	– geschnitten
1 EL Kürbis	– gewürfelt
2 R grüner Paprika	
2 frische Pfirsiche, klein, reif und süß	
4–5 frische Feigen, groß	
100 g Hüttenkäse	
Honig	

Füllen Sie einen großen Salatteller mit Lagen aus dem geschnittenen und gewürfelten Gemüse, geben Sie die Hälfte des Hüttenkäses darauf, und gießen Sie darüber etwas Honig. Legen Sie sehr dünn geschnittene Pfirsichscheiben darüber. Schälen Sie die Feigen, schneiden Sie sie der Länge nach in Stücke, und verteilen Sie sie in einem Streifen über den Teller von einem Rand zum gegenüberliegenden. Legen Sie einen grünen Paprikaring auf beide Seiten dieses Streifens. Formen Sie zwei Bällchen aus dem verbliebenen Hüttenkäse, und legen Sie jeweils einen in jeden Paprikaring. Gießen Sie etwas Honig darüber.

Nr. 67

2 EL Kohl	– geschnitten
2 EL Sellerie	– fein geschnitten
1 EL Spinat	– geschnitten
2 EL grüner Paprika	– geschnitten
2 TL Rosinen, eingeweicht	
100 g Hüttenkäse	
1 Birne, klein, frisch	
2 Pfirsiche, klein	
Honig und	
feingeschnittene Mandeln	

Legen Sie das geschnittene Gemüse in Lagen, streuen Sie Rosinen darüber, geben Sie darauf Tupfer aus Hüttenkäse (etwa die Hälfte), und gießen Sie Honig darüber. Schälen Sie die Pfirsiche, schneiden Sie sie der Länge nach in Scheiben, und verteilen Sie sie in einer Lage um den Rand des Salates. Schneiden Sie die Birne in sehr dünne Scheiben, und füllen Sie die Mitte des Salates damit auf. Geben Sie darauf den restlichen Hüttenkäse, und streuen Sie feingeschnittene Mandeln darüber. Wenn der Salat noch nicht süß genug schmeckt, können Sie etwas mehr Honig hinzufügen.

Nr. 68

2 EL Sellerie	– fein geschnitten
1 EL Spinat	– geschnitten
2 EL Kohl	– geschnitten
2 EL grüner Paprika	– geschnitten
1/2 Avocado, mittelgroß	
1 Birne, groß, frisch	
6 Feigen, groß, frisch	– geschält und der Länge nach in Stücke geschnitten
10–12 Weintrauben, dunkle, rote	– in Hälften schneiden
die Kerne entfernen	
Honig	
2 EL Walnüsse	– fein gehackt

Verteilen Sie das geschnittene Gemüse in Lagen; gießen Sie etwas Honig darüber. Darauf geben Sie eine Lage aus Avocadoscheiben und fügen eine Lage aus dünnen Birnenscheiben hinzu. Legen Sie die Traubenhälften in die Mitte und die Feigenstückchen um sie herum. Gießen Sie etwas Honig über den Salat, und bestreuen Sie ihn mit den Walnüssen.

Nr. 69

2 EL Kohl	– geschnitten
2 EL Spinat,	– geschnitten
2 EL Sellerie	– fein geschnitten
1 EL Kürbis	– gewürfelt
1/2 Avocado, mittelgroß	
2 Pfirsiche, klein, süß	
4–8 Weintrauben, entkernt	– zerteilt
100 g Hüttenkäse	
Honig	
1 R grüner Paprika	

Verteilen Sie das geschnittene und gewürfelte Gemüse in Lagen auf einem Salatteller, geben Sie darauf die Hälfte des Hüttenkäses, und gießen Sie etwas Honig darüber. Über das Ganze legen Sie sehr dünne Pfirsichscheiben und gießen darüber ein klein wenig Honig. Mischen Sie die Traubenstücke und den verbliebenen Hüttenkäse, und formen Sie daraus in der Mitte einen Hügel, auf den Sie den grünen Paprikaring legen. Legen Sie der Länge nach geschnittene Avocadoscheiben rings um den Rand des Tellers.

Nr. 70

1/2 Gurke, mittelgroß	– gewürfelt
2 EL Sellerie	– fein geschnitten
2 EL Zucchini	– gewürfelt
2 EL Spinat	– fein geschnitten
2 EL Petersilie	– fein gehackt
1 EL Kohl	– fein geschnitten
2 Tomaten, mittelgroß	– in kleine Stücke geschnitten
2 R grüner Paprika	
1–2 TL Olivenöl	
3 reife, grüne Oliven	

Machen Sie das Gemüse und die Tomaten behutsam mit zwei Gabeln an, geben Sie alles auf einen großen Salatteller, und träufeln Sie das Olivenöl darauf. Garnieren Sie mit den drei grünen Paprikaringen, und legen Sie jeweils eine Olive hinein. Diesen Salat können Sie »pur« oder mit dünnen Scheiben Schweizer Käse servieren.

Frühstück

Gleich morgens den Saft einer ganzen Zitrone in einem halben Liter heißem Wasser, sofort nach dem Aufstehen (kein Süßstoff) trinken. (Wenn Sie kaltes Wasser verwenden, wird die Peristaltik der Därme angeregt.) 15 bis 30 Minuten später trinken Sie ein Glas frischen Orangensaft.

Nr. 1

15 bis 30 Minuten später: Essen Sie Ihr Frühstück, das aus 1 oder 2 Viertelliter-Gläsern frischen , rohen Gemüsesaft, entweder Karottensaft oder rohen Saft gemischt aus Karotten, Sellerie, Petersilie und Spinat bestehen kann. (Damit befreien Sie auch den Kopf von den Auswirkungen des »Morgens danach«, wenn dies notwendig ist. Reiner Selleriesaft ist dafür ebenfalls gut geeignet.) Oder Karotten- und Spinatsaft, wenn die Ausscheidung träge ist. Oder Karotten-, Rüben- und Gurkensaft.

Für die meisten Menschen ist dieses Saftfrühstück ausreichend. Andere wollen etwas mehr zu essen haben – in diesem Fall essen Sie folgendes:

1–2 Bananen	gut reif (an keinem Ende grün), in Scheiben geschnitten
Sahne	süß (am besten roh)
1/4 l Karottensaft	frisch

Honig, wenn der Wunsch nach Süßem besteht

Anmerkung: Wenn Sie ein gehaltvolleres Frühstück möchten, können Sie Nüsse (außer Erdnüsse), Feigen, Datteln, Rosinen, Pflaumen oder Hüttenkäse hinzufügen, entweder separat oder kombiniert, je nach Geschmack.

Nr. 2

1–2 Äpfel	mittelgroß – gerieben oder geschnitten
Sahne	süß (am besten roh)
Dattelzucker oder Honig	zum Süßen
1/4 l Karotten- und Spinatsaft	frisch

Für ein gehaltvolleres Frühstück können Sie 1 bis 2 EL voll Hüttenkäse und einige Nüsse (ungesalzene Mandeln, Pecannüsse oder Walnüsse) hinzugeben.

Nr. 3

1–2 Birnen	gerieben oder geschnitten, können statt der Äpfel im Frühstück Nr. 2 verwendet werden.
1/4 l Karotten-, Rüben- und Gurkensaft	(kombiniert, roh und frisch).

Nr. 4

1–2 Birnen	mittelgroß als erste Lage.
1–2 EL Nüsse	(alle Arten außer Erdnüsse)
1–2 EL Hüttenkäse	
1/4 l Karotten- und Sellerie-saftmischung	frisch

Geriebener oder gewürfelter Apfel, als zweite Lage. Dattelzucker oder Honig zum Süßen und Sahne, falls gewünscht.

Nr. 5

Pfirsiche, Aprikosen, Beeren und andere frische Früchte der Saison, entweder etwas von jeder Sorte oder gemischt.

Süße Sahne	(am besten roh)
Honig	zum Süßen
1/4 l Karottensaft	frisch, oder Karotten- und Selleriesaft oder Selleriesaft pur.

(Diese Säfte sind für diese Art Frühstück am besten.)

Anmerkung: Wenn Sie einige Feigen und Datteln hinzufügen, ganz oder gehackt, bringen Sie Abwechslung in die obengenannten Gerichte.

Nr. 6
Omelett

(Leute, die an ein großes Frühstück gewöhnt sind, das den Magen füllt, wünschen manchmal etwas »Kräftigeres«. Dann essen Sie frische Eier – direkt vom Bauern –!)

2–4 Eidotter	(kein Eiweiß), je nach Größe
1 EL süße Sahne	auf jeweils 2 Dotter
Kräutersalz	

Vermengen Sie diese Bestandteile, und geben Sie sie in eine Bratpfanne, die Sie vorher erhitzt haben und in der Sie ein wenig Butter geschmolzen haben. Erhitzen Sie das Ganze auf kleiner Flamme, bis es fest wird und unten leicht braun ist; dann setzen Sie die Bratpfanne bei halber Flamme auf den Grill, bis das Gericht oben eine delikate Bräune zeigt.
Dieses Gericht können sie auf einen Teller geben und als Grundlage für eine Vielfalt weiterer Gerichte benutzen, zum Beispiel: Geben Sie eine dünne Lage geriebener Äpfel darauf oder irgendeine der verschiedenen Früchtekombinationen, wie sie in den Frühstücksmenüs beschrieben werden; oder geben Sie 2 oder 3 EL voll Hüttenkäse auf das Omelett und darauf eine Lage aus geriebenem Apfel oder aus anderen Früchten.
Eine gute Ergänzung für jedes Frühstück sind 1/4 l Karottensaft, frisch, oder reiner Selleriesaft, 2–3 Stangen Sellerie oder etwas Salat.

Getreide ist unnötig und hat keinerlei Wert als Nahrung. Damit übersäuern Sie nur Ihren Körper.
Backpflaumen sind zwar etwas säurebildend, wirken aber abführend. Am besten weicht man sie mehrere Stunden lang oder über Nacht in lauwarmem Wasser ein.

Mittagessen

Das folgende Mittagessen ist das Beste für die Tagesmitte; es läßt keine Müdigkeit aufkommen, die Sie empfinden, wenn Sie nicht zueinander passende Nahrungsmittel verzehren, wie sie gewöhnlich in Restaurants serviert werden:

Nr. 1

1/2–1 l Gemüsesaft	frisch und roh
1–2 Äpfel	groß, oder Birnen, reife Bananen,
1–2 Pfund Trauben	oder irgendeine andere frische Frucht der Saison in ähnlicher Menge.

Während des Mittagessens können Sie eine, zwei oder mehr verschiedene Früchte essen.

Nr. 2

Ein gehaltvolleres Mittagessen:

50–100 g	Schweizer Käse
1–2 Äpfel	groß, saftig
1/2–1 l Gemüsesaft	frisch und roh

Sellerie, mehrere Stangen, etwas Spinat, Salat, Brunnenkresse oder ein anderes grünes rohes Gemüse.

Auch der größte Skeptiker, wenn er versuchsweise eine Woche lang seine Mittagessen nach diesen Empfehlungen zusammenstellt, wird einsehen, daß Brot, Omelettes, Gebäck und ähnliches die Ursache sind für Müdigkeit, die uns am Nachmittag überfällt.

Nr. 3

Eine Handvoll Datteln, Rosinen, Feigen und Nüsse – einzeln oder gemischt.

3–4 ST Sellerie	oder etwas Salat, Spinat, Petersilie oder andere grüne Gemüse.
1/2 l Gemüsesaft	frisch und roh, (reiner Selleriesaft oder Karottensaft).

Anmerkung: Wenn Sie zur Tagesmitte nach einer schwereren Mahlzeit verlangen, dann nehmen Sie ein Abendessenrezept, und verwenden Sie das Mittagsmenü am Abend.

Es ist gut, zwischen den Mahlzeiten, wenn immer es möglich ist, einen halben oder einen Liter frischen Obst- oder Gemüsesaft zu trinken. Wenigstens ein halber Liter frischer roher Karottensaft am Nachmittag wirkt zum Beispiel Wunder, während bei heißem Wetter ein halber Liter reiner Selleriesaft hilft, die Körpertemperatur auf normaler Höhe zu halten und die Hitze erträglicher zu machen. Kochsalz führt bei heißem Wetter, aber auch zu jeder anderen Zeit letztlich zu verhärteten Arterien.

Abendessen

Es ist sehr gut, das Abendessen mit 1/4 Liter frischem, rohem Gemüsesaft zu beginnen. Dieser ist viel leichter verdaulich als Suppe. Reiner Sellerie- oder Karottensaft gehören zum Beispiel zu den besten Säften, die man kurz vor einer Mahlzeit trinken kann.
Als nächsten Gang essen Sie einen der Salate, wie sie im Abschnitte »Salate« beschrieben werden. Es wird Ihnen hier eine genügende Anzahl von Salaten vorgeschlagen, um Abwechslung ohne Eintönigkeit zu gewährleisten. Es kommt selten vor, daß man nach dem Verzehr eines dieser Salate mehr essen will.

Nr. 1
Salat Nr. 2

Früchte, z. B. 2 oder 3 Schnitze einer reifen, geschälten Dattelpflaume, 1/2 gewürfelte Birne. Geben Sie darauf 1 oder 2 TL voll honiggesüßte Schlagsahne, oder servieren Sie mit einigen geriebenen Mandeln, die Sie darüberstreuen.

1/4 l Karottensaft frisch und roh

Nr. 2
Salat Nr. 3

Erdbeeren mit Honig und Sahne
1/4 reiner Selleriesaft, frisch und roh

Nr. 3
Salat Nr. 11

Pfirsiche, frisch und saftig, mit Dattelzucker oder Honig gesüßt
1/4 l Karotten- und Selleriesaft, frisch und roh

Nr. 4
Salat Nr. 15

Servieren Sie mit Schweizer Käse, 50 bis 100 Gramm pro Portion.
Himbeeren, rot und frisch, wenn gewünscht mit Honig und Sahne.
1/4 l Gemüsesaftbrühe, frisch und roh

Nr. 5
Salat Nr. 18

Kirschen, süß und reif, auf Stielen serviert oder entsteint und halbiert im Eisbecher.
1/4 l Karotten- und Selleriesaft, frisch und roh

Nr. 6
Salat Nr. 21

Weintrauben, 1 mittelgroßer Bund
1/4 Liter Karotten-, Sellerie- und Petersiliensaft, frisch und roh

Nr. 7
Salat Nr. 27

Servieren Sie mit Schweizer Käse (50 bis 100 g pro Portion), gefüllte Oliven und Selleriemark
1/4 l Apfel- und Granatapfelsaft, frisch und roh.
Frische Ananasstreifen, mit Honig beträufelt und mit honiggesüßter Schlagsahne bestrichen.
Geriebene oder feingehackte Mandeln.

Anmerkung: Dies ist ein gutes »Gäste-Abendessen«, da es etwas umfangreicher ist als einige andere.

Durch Beigaben von Radieschen, grünen Zwiebeln, reifen grünen Oliven, Sellerie, Gurkenscheiben, rohen Karottenscheiben oder der Länge nach dünngeschnittenen Karottenstreifen, rohen Kartoffelscheiben, Artischocken – ganz oder in Scheiben –, grünen Paprikaringen, rohem Blumenkohl, Nüssen, Datteln, Feigen usw., zu überraschenden Gerichten hübsch angeordnet, kann man Rohkostabendessen immer »herausputzen« und sehr farbig und attraktiv gestalten. Durch farbige Teller gewinnt man viel beim Servieren von Rohkost. Nahrung, die sowohl das Auge als auch den Geschmack anspricht, wird besser verdaut, und darum ist das bißchen Zeit gut angelegt, das man einer attraktiven Gestaltung von Mahlzeiten widmet.

Wenn der Körper am Anfang Schwierigkeiten hat, mit zuviel roher Nahrung fertigzuwerden, dann trinken Sie eine entsprechend größere Menge roher Säfte, und essen Sie viele rohe Früchte, da deren Fasern leichter verdaulich als Salate und Gemüse sind.

Wir dürfen nicht vergessen, daß der Körper von roher Nahrung kleinere Mengen benötigt als von gekochter. Die Kalorientheorie, wonach man eine Mahlzeit nach dem Kalorienwert zusammenstellt, ist Unsinn. Rohkost enthält alle Kalorien und alle Wirkstoffe, die der Körper benötigt, vor allem dann, wenn sie durch Säfte ergänzt wird. Wir brauchen keine Kalorien als Nahrung. Wir brauchen chemische Elemente, Mineralien und Salze in organischer, lebendiger Form, Vitamine und Enzyme.

Zuviel essen

Den Magen stärker zu füllen, als er für Verdauungszwecke aufnehmen kann, heißt, ihn übermäßig zu belasten. Wenn man den Magen überlädt, überfordert man die Körperfunktionen und verkürzt sein Leben.

Letztlich entspricht die normale Aufnahmefähigkeit eines durchschnittlichen Magens nur etwa einem Liter.

Auch wenn man zuviel der richtigen Lebensmittel ißt, selbst in richtiger Kombination, überlastet man dennoch die Verdauungsorgane.

Essen Sie nur soviel, wie Sie brauchen, um sich wohlzufühlen. Glauben Sie nicht, ein vollgestopfter Magen sei gut. Lieber ein bißchen Hunger nach einer Mahlzeit als Verdauungsbeschwerden.

Vegetarische Menüs, gekocht

Für diejenigen, die meinen, sie müßten zu besonderen Anlässen gekochte Nahrung essen, gebe ich ihnen hier einige verträgliche Kombinationen.

Festessen

Zum Appetitanregen: Ein kleines Glas frischer Apfel- und Selleriesaft, Selleriestangen, reife grüne Oliven, Radieschenrosetten.

Grüner Salat

Mischen Sie gleiche Teile Spinat, Kohl, Sellerie, Gurken, grünen Paprika und Tomaten, jeweils gehackt. Träufeln Sie Olivenöl darauf, und servieren Sie auf knackigen Salatblättern. Garnieren Sie mit Petersilie.

Vegetarisches Nußbrot

8 T Karottenmus, fein gerieben
1 T frische grüne Limabohnen
2 große Zwiebeln, fein gehackt
10 Eigelb
2 EL feingehackte Petersilie
1 T gebrochene Cashewnüsse
1 T feingeraspelte Mandeln
6 EL geschmolzene Butter
3 TL Kräutersalz
2 1/2 TL Salbei
2 TL Thymian

Mischen Sie die geriebenen Karotten und das andere Gemüse in einer großen Schüssel. Pressen Sie etwas Saft aus den geriebenen Karotten auf das Eigelb, fügen Sie Kräutersalz hinzu, und schlagen Sie das Ganze gründlich; dann mischen Sie das Gemüse dazu. Fügen Sie Nüsse und geschmolzene Butter hinzu, und mischen Sie alles sehr gründlich. Backen Sie das Ganze etwa 1 Stunde lang bei mittlerer Hitze im Ofen, bis es gar ist. Servieren Sie das Gericht auf Tellern in Scheiben, die eben dick genug sind, um zusammenzuhalten. Diese Menge reicht für 12 Personen.

Sie können dazu Erbsen und Rüben servieren. Kochen Sie die Erbsen und Rüben, bis sie eben zart sind, mit so wenig Wasser wie möglich. Würzen Sie mit ein wenig Kräutersalz und Butter, und servieren Sie sofort. Beginnen Sie nicht mit dem Kochen, bevor alles fast zum Servieren bereit ist, und bleiben Sie daneben stehen, um sicher zu sein, daß die Erbsen und Rüben nicht zu sehr gekocht werden; dann behalten sie ihre leuchtende Farbe und ihren Geschmack.

Früchtedessert

Feingewürfelte Birnen, Datteln und gehackte Walnüsse. Süßen Sie mit Honig, und servieren Sie kalt mit Schlagsahne darauf (ebenfalls mit Honig gesüßt).

Preiselbeergelee mit Honig

4 T gewaschene Preiselbeeren
(achten Sie darauf, alle weichen Beeren und alle mit Flecken zu entfernen)
2 T Wasser
1/2 T Honig auf jede Tasse abgeseihten Mus
1/8 T Zitronensaft auf je 4 Tassen abgeseihten Mus

Kochen Sie die Beeren, bis sie platzen und zart sind. Geben Sie sie durch ein Sieb oder durch einen Seiher. Messen Sie das durchgeseihte Mus ab, und fügen Sie Honig und Zitronensaft hinzu. Kochen Sie sie bis zum Siedepunkt und 7 Minuten lang stark, wobei Sie ständig umrühren. Nehmen Sie die Beeren vom Feuer und schütten Sie sie auf die übliche Art in saubere Gläser.

Anmerkung: Lesen Sie den Absatz über Preiselbeeren auf Seite 206.

Weihnachtsessen

Zum Appetitanregen: Tomatensaft, kalt in kleinen Tassen serviert, dem ein wenig feingehackte Zwiebeln und feingehackter grüner Paprika und Sellerie beigegeben wurden.

Karottensoufflé

6 Eigelb
6 EL Wasser
1/2 TL Kräutersalz
2 T feingeriebener roher Karottenmus

Schlagen Sie das Eigelb gründlich mit Wasser und Salz, und rühren Sie das Karottenmus mit einer Gabel hinein. Schütten Sie das Ganze in eine eingefettete Backform – quadratisch oder rechteckig, etwa 3 bis 5 cm tief –, und backen Sie es im Backofen bei 220°, bis es gar ist. Wenn ein Silbermesser, das man in kaltes Wasser getaucht und ins Soufflé gestochen hat, sauber herauskommt, ist das Soufflé fertig. Servieren Sie es auf Tellern in quadratischen Scheiben, die mit gedämpften Zwiebeln bedeckt sind. Ausreichend für 8 Personen.

Gedämpfte Zwiebeln

Die Zwiebeln kann man in ihrem eigenen Saft und mit etwas Olivenöl in einer Kasserole im Backofen dämpfen, wo das Soufflé gebacken wird. Nehmen Sie die Zwiebeln vom Herd, wenn sie eben zart sind, streuen Sie geriebenen gelben Käse und ein wenig Paprika darauf, und stel-

len Sie sie gerade lange genug auf den Grill, um den Käse zu schmelzen. Nehmen Sie für jede gewünschte Portion 2 mittelgroße Zwiebeln. Man sollte sie vor dem Dämpfen fein hacken.

Sie können dazu Erbsen und Brokkoli servieren.

Salat aus gefüllten Sellerieknollen

Säubern Sie den Sellerie, und entfernen Sie die Wurzelfasern. Bereiten Sie einen kleinen Teller mit feingehackter Petersilie und einen mit feingeriebenen Karotten vor. Mischen Sie Honig mit Hüttenkäse, und füllen Sie damit das Innere des zarten, knackigen Selleries. Geben Sie darauf etwas geriebene Karotten, und streuen Sie Petersilie darüber. Schneiden Sie den Sellerie in etwa 5 Zentimeter lange Streifen, und verteilen Sie 4 oder 5 davon auf knackigen Salatblättern.

Zimtapfel mit Schlagsahne

Reiben Sie süße Äpfel, und würzen Sie sie mit Honig und Zimt. Servieren Sie in Eisbechern, und geben Sie honiggesüßte Schlagsahne und feingehackte Mandeln darauf.

Nußsoße

3 T feingeschnittener Sellerie
6 T feingeriebene Karotten
3/4 T feingeschnittene Zwiebeln und Petersilie
1 T gehackte Walnüsse
1 1/2 TL Salbei
1 T gebrochene rohe Cashewstücke
Kräutersalz
Olivenöl oder Butter

Geschlagene Backpflaumen

Waschen Sie die Backpflaumen gut, und weichen Sie sie in Wasser ein, bis sie gründlich weich sind. Gießen Sie das Wasser ab, entsteinen Sie die Pflaumen, hacken Sie sie, und seihen Sie sie ab. Mischen Sie geraspelte Piniennüsse (etwa 1/3 der Menge des Pflaumenmus) mit den Backpflaumen, und schlagen Sie das Ganze gründlich mit einem Rührbesen. Wenn gewünscht, können Sie etwas Honig hinzufügen, aber Backpflaumen sind gewöhnlich genügend süß. Geben Sie darauf Schlagsahne und etwas frische Minze.

Eine perfekte Mahlzeit kann verdorben werden, wenn Sie Kräcker oder Brot zum Füllen, Mehlsoße, Kartoffelkuchen oder Pastetenböden aus Mehl verwenden. Wenn Sie alle Nahrungsmittel weglassen, die Mehl, Stärke oder Zucker enthalten, ist es voll und ganz bekömmlich und bringt die Verdauung nicht durcheinander.

Diesem Weihnachtsessen können Sie noch folgendes hinzufügen:

Apfelsaft
Karotten- und Selleriesaft
Karottenstreifen
reife Oliven
Radieschen
frische grüne Erbsen

Salatsoßen

Wir verwenden Apfelessig. Sie können aber auch Zitronensaft nehmen. Lesen Sie dazu das Kapitel über Essig des Buches *»Frische Gemüse- und Fruchtsäfte«*.

Verwenden Sie niemals weißen Zucker oder Weißmehl in irgendeiner Form, damit Sie kein Geschwür oder Krebs bekommen.

Verwenden Sie kein Tafelsalz, damit Sie keine Arterienverhärtung oder Krampfadern bekommen.

Nehmen Sie auch kein Eiweiß (vom Ei), sonst werden Sie unter Verstopfung leiden.

Pfeffer und andere Gewürze sollten Sie ebenfalls meiden, damit Ihre Nieren und die Blase nicht gereizt werden und Sie keine Probleme mit hohem Blutdruck heraufbeschwören.

Gesundheitsmayonnaise

2 Eigelb	1 TL Zitronensaft
1 TL Honig	1/2 l Pflanzenöl
1/4 TL Kräutersalz	

Mischen Sie alle Bestandteile, außer dem Öl, in einer Schüssel, und schlagen Sie sie. Fügen Sie langsam das Öl hinzu – ein oder zwei Tropfen gleichzeitig –, bis die Mischung die richtige Konsistenz hat. Wenn Sie die Soße zu Fruchtsalat verwenden, können Sie vorher ein wenig süße Sahne dazugeben. Wenn Sie die Soße zum Salat verwenden, läßt sich der Geschmack durch die Beigabe von etwas saurer Sahne verbessern.

Avocadosoße

Zerdrücken Sie eine sehr reife Avocado mit der Gabel, fügen Sie ein wenig Gesundheitsmayonnaise oder einige Tropfen Gemüsesaft hinzu, und schlagen Sie die Avocado, bis sie weich und locker ist. Wenn mehr Würze benötigt wird, geben Sie ein wenig Kräutersalz und feingeriebene Zwiebeln dazu, wenn die Soße zum Salat verwendet werden soll. Wenn Sie sie zum Fruchtsalat verwenden, fügen Sie ein wenig Honig dazu.

Schweizer Käse-Soße

Reiben Sie Schweizer Käse, fügen Sie Tomatensaft (nur einige Tropfen gleichzeitig) hinzu, und mischen Sie gründlich, bevor Sie mehr dazugeben. Fahren Sie damit fort, bis Sie eine Soße von der Konsistenz dicker Schlagsahne haben. Das schmeckt köstlich auf jedem Salat, vor allem auf Tomaten. Diese Soße ist sehr kräftig, und man sollte sie nur in kleinen Mengen verwenden.

Saure Sahne-Soße

1 T saure Sahne, 1 TL Honig und einige Tropfen Zitronensaft werden zusammen geschlagen, bis das Gemisch dick wird.

Französische Soße (French Dressing)

Olivenöl (am besten kaltgepreßt), etwa 1/4 l, 1/4 TL Algenpulver, 1/4 TL Alfalfapulver, ein wenig Zitronensaft und Honig. Schlagen Sie das Ganze gründlich, bis es emulgiert. Wenn Sie meinen, daß Sie Salz benötigen, dann fügen Sie ein wenig Kräutersalz hinzu.

Lexikon über Salate, Gemüse und Früchte

Nach meiner Erfahrung können Sie viel dabei gewinnen, wenn Sie immer das allerbeste Gemüse, die besten Salate und Früchte kaufen. Obwohl sie teurer sind, hat eine kleine Menge bester Qualität einen größeren Nährwert als eine größere Menge ausgetrockneter oder sonst minderwertiger Ware.

Mit den Transport- und Kühlmöglichkeiten der heutigen Zeit gibt es kaum einen Grund, warum nicht eine Fülle frischer roher Gemüse, Salate und Früchte den Hauptbestandteil jeder Mahlzeit bilden sollten. Wenn sie mehr kosten, und wenn einige zu bestimmten Jahreszeiten seltener sind, müssen wir dennoch daran denken, daß eine kleine Menge roher Lebensmittel viel mehr Nähr- und Aufbauwert haben als eine große Menge gekochter Nahrungsmittel. Erstere erneuern die Zellen und Gewebe und liefern dem Körper Leben, während die letzteren nur »Magenfüller« ohne aufbauenden Wert sind. Sie erhalten zwar das Leben, aber der Körper zerfällt langsam.

Mit wenigen Ausnahmen kann man jedes Gemüse und jede Frucht, die wir aus Gewohnheit kochen, besser roh essen.

In der folgenden Liste habe ich einige der wichtigen chemischen Wirkstoffe angegeben, die sie enthalten.

Wo der Wasser-, Eiweiß-, Kohlenhydrat- und Fettgehalt angegeben ist, bezieht sich der genannte Prozentsatz auf das ganze rohe Lebensmittel. Wo die Mineralien, Salze usw. angegeben werden, bezieht sich der Prozentsatz auf deren Anteil an einer ungefähren Gesamtmenge an Mineralien usw. ohne Wasser.

Salate und Gemüse

Alfalfa. Dieses Wort ist vom arabischen Wort »bestes Futter« abgeleitet. Es ist bedeutsam, daß vor einigen Generationen Karotten hauptsächlich als Pferdefutter angesehen wurden, während ihr Saft nunmehr eines der besten Getränke in der zivilisierten Welt geworden ist. So wird auch Alfalfa, das in der Vergangenheit Hauptviehfutter war, in nicht allzuferner Zukunft als Saft eine der größten Hilfen gegen menschliche Leiden und Mangelkrankheiten sein.

Nur die Alfalfablätter sollten für Säfte oder Salate verwendet werden, da die Fasern der Stengel sehr zäh sind.

Der Wassergehalt frischer Alfalfa beträgt etwa 80 %. Sie ist sehr reich an Kohlenhydraten, Kalzium, Kalium, Phosphor und Magnesium.

Wenn keine frische Alfalfa erhältlich ist, kann man pulverförmige Ware in Salaten verwenden, und zwar in einer Menge von etwa einem viertel Teelöffel pro Portion oder in ähnlicher Menge in einem halben Liter frischem Gemüsesaft.

Algen sind Meerespflanzen. Sie sind die reichste Quelle für organisches Jod. Man bekommt sie gewöhnlich in feingemahler Form oder als Pulver. Wegen seiner starken Wirkung sollte man sie nicht in größeren Mengen verwenden als ein viertel Teelöffel täglich, am besten vermischt mit einem halben Liter rohen Gemüsesaft.

Eine Kombination aus Karotten, Sellerie, Petersilie und Spinat – die Kombination, mit dem größten Kaliumgehalt – und die Beigabe von einem viertel Teelöffel Algen, gründlich vermischt, ist eine Hilfe und Erleichterung bei Beschwerden der Schilddrüse, z. B. bei Kropfbildung. Sie befähigt den Körper, diese Nahrung leicht und sehr schnell durch das Blut aufzunehmen.

Avocado (Alligatorbirne): Siehe unter »Früchte«.

Blumenkohl schmeckt sehr gut, wenn man ihn roh ißt. Er ist reich an Kalium, und der Phosphor- und Schwefelgehalt ist ebenfalls hoch. Er enthält mehr als 90 % Wasser und ziemlich viel Eiweiß. Er gehört zur Kohlfamilie, und wie die anderen Mitglieder dieser Familie kann er die Nieren reizen, wenn man ihn in zu großen Mengen ißt. Er hat jedoch einen guten Nährwert, und wenn man ihn in Maßen verzehrt, ist er eine wertvolle Ergänzung zu einem Salat.

Brennesseln sind wegen der steifen, stechenden Haare, die ihre Blätter bedecken, kein beliebtes Lebensmittel. Sie sind jedoch wertvoll und nahrhaft, und man bereitet sie am besten zu, indem man sie grob hackt. Sie betonen den Geschmack und erhöhen den Wert eines jeden Salates, dem man sie beifügt.

Sie sind reich an Vitaminen, und ihr Gehalt an Kalium, Kalzium und Natrium ist hoch.

Der Wassergehalt der jungen Pflanze liegt bei fast 90 %.

Brokkoli ist ein Lebensmittel, das reich an Kalium, Phosphor und Schwefel ist. Die Stengel sollte man mahlen und mit den feingehackten Blättern roh verzehren.

Brokkoli enthält etwa 90 % Wasser und sehr wenig Kohlenhydrate und Fett. Er ist ein gutes Reinigungsmittel für den Körper und kann Übergewicht reduzieren. Sein sehr hoher Vitamin-A-Gehalt wird etwas überschattet von seinem hohen Gehalt an Schwefel und Phosphor.

Brunnenkresse ist eines unserer schwefelhaltigsten Lebensmittel. Sie ist ferner reich an Kalium, Kalzium, Natrium und Magnesium sowie an Phosphor und Chlor. Sie ist daher ein wirksames Reinigungsmittel. Der Wassergehalt beträgt bis zu 92 %.

In Salaten kann man sie entweder in ihrem natürlichen Zustand verwenden oder fein gehackt, entweder zum Garnieren oder als Bestandteil des Salates. Roher Brunnenkressesaft, der frisch bereitet wird, ist gewöhnlich zu scharf, als daß man ihn pur trinken kann. Wenn man ihn mit Karotten-, Spinat- und Rübenblättersaft kombiniert, erhält man eine Mischung, die sich als wertvolles Blutreinigungsmittel erwiesen hat. Man verwendet es mit Erfolg als Mittel zur Auflösung geronnenen Fibrins in den Blutgefäßen, das Hämorrhoiden und gewisse andere tumorähnliche Gebilde verursacht.

Chicorée siehe Endivie.

Eibisch siehe Okra.

Alle **Endivien** und andere Arten der **Chicoréepflanze** sind wertvolle Bestandteile in Salaten. Sie sind etwas bitter und können daher die Speichelsekretion anregen. Da die Endivie auch die Gallensekretion fördert, hilft sie, die Leber zu reinigen. Sie regt die Tätigkeit der Milz an. Sie enthält etwa 90 % Wasser, aber die Fasern sind etwas zäh und sollten daher gründlich gekaut werden.

Endiviensaft, vor allem wenn er dem Saft von Karotten, Sellerie und Petersilie beigegeben wird, ist sehr nützlich für die Sehorgane; er ist reich an Kalium, Natrium und Phosphor. Ich habe viele Fälle gekannt, wo Leute mit Augenproblemen nach wenigen Monaten in der Lage waren, ihre Brillen wegzuwerfen, wenn sie diese Säfte regelmäßig tranken. Ich habe sogar den Fall einer Frau aufgezeichnet, deren völlige Blindheit, die seit mehr als zwei Jahren bestand, sich in einem derartigen Ausmaß besserte, daß sie im Laufe von wenigen Monaten imstande war, eine Zeitung mit einer Lupe zu lesen – als Folge des täglichen Trinkens dieser Säftemischung und anderer roher Säfte sowie der Umstellung ihrer Ernährung.

Erbsen sind in frischem Zustand ein ausgezeichnetes Gemüse, aber getrocknet zählen sie zu den Hülsenfrüchten. Frische Erbsen sind von viel größerem Wert, wenn sie roh in Salaten gegessen und nicht gekocht werden. Sie sind reich an Kalium und Magnesium. Die Hülsen junger, frischer Erbsen kann man gut in Salaten verwenden, wenn man die Fäden abzieht.

Als Saft enthalten frische Erbsen, einschließlich der Hülsen, einen Bestandteil, der die Bauchspeicheldrüse in ihrer Tätigkeit unterstützt. Wenn sie frisch sind, enthalten Erbsen fast 75 % Wasser und etwas mehr als 15 % Kohlenhydrate, während getrocknete Erbsen nur etwa 15 % Wasser enthalten, aber ihr Kohlenhydratgehalt liegt bei fast 55 % und der Eiweißgehalt bei etwa 23 %.

Fenchel ist ein sehr wertvolles Gemüse, das von den romanischen Völkern in großen Mengen verzehrt wird. Da sein Nährwert bekannter wird, wird aus ihm allmählich eine populärere Beigabe zu anderen rohen Gemüsen, entweder in Salaten oder als Nebenmahlzeit. Fenchel enthält fast 90 % Wasser im knolligen Teil der Pflanze, der der eßbare Teil ist.

Dieses Gemüse kann man entweder vierteilen, in Scheiben schneiden, hacken oder mahlen. Es ist ein sehr alkalisch reagierendes Lebensmittel, das hilft, Schleim zu lösen und die Verdauungstätigkeit anzuregen. Fenchel ist ein gutes harntreibendes Mittel. Er hat einen hohen Natriumgehalt und ist reich an Kalium und Eisen.

Grünkohl enthält mehr als 90 % Wasser. Er ist besonders reich an Schwefel, Phosphor und Chlor; 30 % der gesamten Menge an Mineralien sind Kalium. Grünkohl ist ein wertvoller Reiniger, aber er kann Gas erzeugen, wenn sich der Körper in übersäuertem Zustand befindet. Er ist reich an Vitaminen, und die Pflanze sollte gegessen werden, wenn sie jung ist; denn wenn sie alt ist, werden die Fasern zäh.

Gurken werden in vielen heißen Ländern des Ostens wie in der Türkei, in Ägypten usw. als Bestandteil nahezu jeder Mahlzeit verwendet. Sie werden als wertvolles, gesundes Lebensmittel betrachtet. Sowohl ganze Gurken als auch ihre Kerne werden reichlich verzehrt. Wenn sie knackig sind, sind sie schmackhaft und erfrischend.

Gurken enthalten mehr als 95 % Wasser und sind reich an Kalium, Eisen und Magnesium. Sie enthalten ferner relativ viel Silizium und Fluor. Darum sind sie ein sehr wertvolles Lebensmittel, und man sollte sie Salaten beigeben, wenn immer es möglich ist. Man kann sie in dünne Scheiben schneiden oder raspeln.

Als Lebensmittel sind sie von großem Nutzen für die Gallenblase, die Leber und die Nieren. Ihr hoher Silizium- und Fluorgehalt macht sie außerdem zu einem wertvollen Lebensmittel für Haare, Zähne und Nägel.

Karotten sind zweifellos eines unserer wertvollsten und vollständigsten Lebensmittel. Gerieben werden sie von vielen ausgiebig als Ballaststoff genutzt, die früher unter dem falschen Eindruck standen, sie könnten kein rohes Gemüse essen. Man hat sogar festgestellt, daß Karottenmus eines der wirksamsten und nützlichsten Mittel ist, um dem Dickdarm zu helfen, sich wieder in einen normalen Zustand zu versetzen.

Rohe Karotten enthalten alle Elemente und alle Vitamine, die der menschliche Körper braucht. Ihr Wert für den Körper geht jedoch verloren, wenn man sie kocht, eindost oder anderweitig verarbeitet.

Karotten, die zu jung sind, sind unreif; die Mineralien und Vitamine haben sich dann noch nicht vollständig gebildet, und diese Karotten sind deshalb nicht so nahrhaft, als wenn man ihnen erlaubt, viereinhalb bis fünf Monate lang im Boden zu wachsen, bevor man sie herauszieht.

Unter den Gemüsesäften ist Karottensaft herausragend, immer vorausgesetzt, daß er absolut frisch ist und richtig zubereitet wurde. Er ist ein wunderbares Reinigungsmittel für Galle und Abfallstoffe, die sich als Folge jahrelanger falscher Eßgewohnheiten in der Leber festgesetzt haben. Gelegentlich verfärbt sich die Haut gelblich, nachdem man Karottensaft und andere Säfte getrunken hat. Ich habe festgestellt, daß dies die Folge der festen Galle in der Leber ist, die sich so rasch auflöst, daß träge Nieren und Därme nicht in der Lage sind, sich rasch genug um ihre Ausscheidung zu kümmern, was dazu führt, daß die Lymphe diese überschüssigen Abfallstoffe an die Oberfläche trägt, damit sie durch die Poren der Haut ausgeschieden werden.

Die Verfärbung verschwindet früher oder später. Es ist keine Verfärbung durch das Pigment der Karotte. Ich würde in diesem Zustand lieber einen kurzen Dämpfer für meine Eitelkeit als Folge dieser Leberreinigung hinnehmen, die mir ein viel längeres, gesünderes und aktiveres Leben schenkt, als auf diese lebensspendenden Säfte zu verzichten und zu wissen, daß das ärztliche Urteil bald auf eine Lebererkrankung und wahrscheinlich auf Krebs lauten würde.

Vergessen Sie nicht, daß eine lebenslange falsche Lebensweise – und damit meine ich hauptsächlich den Verzehr falscher Nahrung – im Körper Zersetzungserscheinungen auslöst, deren vollständige Beseitigung Monate oder Jahre dauert.

Darum wäre es töricht, eine wundersame Erneuerung des Körpers zu erwarten, wenn man nur ab und zu einen halben Liter Saft trinkt. Noch törichter wäre es, der Stimme der Unwissenheit Gehör zu schenken, die behauptet, richtig bereitete, frische rohe Säfte verursachten Krankheiten, wenn in Wirklichkeit die vorübergehenden Beschwerden gewöhnlich nichts weiter sind als der Vorgang des »Großreinemachens« im Körper, der auf völlig natürliche Weise und als Folge dieser Säfte abläuft. Wir müssen mit der Natur zusammenarbeiten, um den Schaden rückgängig zu machen, den wir uns selbst zugefügt haben, und wir müssen unserem Körper regelmäßig und täglich die organischen chemischen Elemente in ausreichender Menge zuführen, mit denen wir die Zellen und Gewebe des Körpers wieder aufbauen können.

Es braucht Zeit, dies zu tun, und nach meiner Erfahrung ist der schnellste und beste Weg täglich Saft zu trinken, und das ohne Unterbrechung oder Ausnahme monate- oder jahrelang.

Karotin ist der Bestandteil der Karotte, der in rohem Zustand das beste Vitamin A enthält, das der Körper aufnehmen kann. Wenn dieses Vitamin der Hitze oder einer anderen Art der Verarbeitung ausgesetzt wird, wenn es konzentriert oder von den anderen Elementen getrennt wird, die uns die Natur in der Karotte zur Verfügung stellt, dann vermindert sich sein Wert entsprechend, wenn er nicht ganz verlorengeht. Gelegentlich kann man aus konzentrierten Extrakten vorübergehend Nutzen ziehen. Wenn Sie aber eindeutige, praktische Resultate haben möchten, ist nichts dem rohen Saft vergleichbar, sofern er richtig gepreßt wurde.

Kinder sollten jeden Tag 1/2 Liter Karottensaft trinken. Die meisten Beschwerden, unter denen Kinder leiden, werden als Folge eines Vitamin-A-Mangels angesehen, wie etwa Nachtblindheit. Ein halber Liter Karottensaft am Nachmittag oder Abend ist das Wirksamste, was ich kenne, um den Augen zu helfen und um die Müdigkeit zu mindern, die entsteht, wenn man gegen helles Licht fährt. Meiner Meinung nach sollten alle Busfahrer,

Lkw-Fahrer, Flugzeugpiloten und andere, von denen bei nächtlichen Fahrten das Leben von Menschen abhängt, jeden Nachmittag wenigstens einen halben Liter richtig gepreßten rohen Karottensaft trinken.

Frische Karotten enthalten mehr als 87 % Wasser. Etwa 37 % des gesamten Mineralgehaltes ist Kalium. Eine große Menge Natrium und Kalzium sowie Eisen, Schwefel und Chlor sind ebenfalls reichlich vorhanden, und der Gehalt an Phosphor – der Gehirnnahrung – beträgt fast 13 %.

Kartoffeln enthalten in rohem Zustand mehr als 75 % Wasser, etwa 20 % Kohlenhydrate und eine kleine Menge wertvolles Eiweiß. Sie sind reich an Kalium, das 60 % ihres gesamten Mineralgehaltes ausmacht. Sie sind reich an Vitamin A, B und C. Nur wenige Lebensmittel enthalten soviel Vitamin C wie rohe Kartoffeln. Man sollte sie roh mit der Schale essen, und als Salatbestandteil können sie gerieben oder in Scheiben geschnitten werden.

Wenn man die Kartoffel kocht, geht der Wert ihrer Mineralien und der meisten Vitamine verloren. Der Wassergehalt wird auf ungefähr 10 % reduziert, während der Kohlenhydratgehalt auf mehr als 65 % steigt. Die rohe Kartoffel enthält ein zuckerartiges Kohlenhydrat, das leicht verdaulich ist, doch beim Kochen wird es in ein Stärkekohlenhydrat umgewandelt, das beim Verdauungsprozeß ein saures Endprodukt zurückläßt. Dies ist vor allem dann der Fall, wenn man Kartoffeln während derselben Mahlzeit zusammen mit konzentriertem Eiweiß ißt.

Kartoffeln, die in Fett gebraten werden, sind nicht nur unverdaulich, sondern rufen häufig Leber- und Gallenblasenstörungen hervor.

Süßkartoffeln enthalten etwas weniger Wasser und etwa 20 % mehr Kohlenhydrate als die anderen Sorten. Ihr Kaliumgehalt ist jedoch niedriger, während der Gehalt an Natrium, Kalzium, Silzium und Chlor beträchtlich höher ist. Das gilt für rohe Süßkartoffeln. Wenn man sie kocht, schädigt man sie auf ähnliche Weise wie die anderen Kartoffeln.

Knoblauch hat eine günstige Wirkung auf die Lymphe und hilft bei der Ausscheidung von schädlichen Abfallstoffen, die sich im Körper befinden. Er kann den Körpergeruch verstärken, bis dieser Abfall in ausreichendem Maße beseitigt ist. Er ist ein Reinigungsmittel für die Schleimhäute, vor allem für die Lungen, die Nebenhöhlen, die Nase und den Rachen. Aus diesem Grund ist er ein wertvolles Mittel bei Beschwerden der Atemwege, Asthma usw.

Obwohl Knoblauch manchmal die Nieren etwas reizt, ist er trotzdem wertvoll für die Harnausscheidung. Er ist ferner ein gutes Blutreinigungsmittel und darum hilfreich bei hohem Blutdruck. Er kann die Peristaltik und die Absonderung von Verdauungssäften anregen.

Zwar wird der Geruch des Knoblauchs gewöhnlich nicht als Parfüm geschätzt, aber dies kann man durch den Verzehr roher Petersilie, Minze oder anderer frischer grüner Kräuter ähnlicher Art ausgleichen; man kann sie mit ihm zusammen essen oder unmittelbar danach.

Knoblauch enthält ungefähr 65 % Wasser, und man erzielt gute Resultate, wenn man ihn roh und fein gehackt in kleinen Mengen als Bestandteil eines Salates verwendet.

Kopfsalat. Die verschiedenen Kopfsalatarten gehören zu unseren wertvollsten Lebensmitteln, und zwar wegen ihres hohen Gehaltes an organischem Wasser – zwischen 92 und 95 % – und wegen der reichlichen Menge Kalium, Natrium, Kalzium und vor allem Magnesium und Eisen, die sie enthalten. Sie sind außerdem reich an wichtigen Elementen wie Silizium und Fluor.

Wenn man ihn roh ißt, ohne Zusatz von Gewürzen, ist Salat jeder Art eines der nahrhaftesten Lebensmittel für die Zellen und Gewebe des Nerven- und Muskelsystems des Körpers. Fast alle notwendigen Vitamine findet man im Kopfsalat, und dieser Salat nimmt in bezug auf seinen Wert den dritten Rang ein (Karotten liegen an erster, Alfalfa an zweiter Stelle). Die äußeren Blätter des Kopfsalats sind die wertvollsten, da sie die meisten Nährstoffe enthalten. Kopfsalat sollte, wenn immer es möglich ist, wegen seiner stark anregenden Wirkung auf den Stoffwechsel ein wichtiger Bestandteil in jedem Salat sein.

Der rohe Saft des Kopfsalates wird beinahe schwarz, wenn man ihn vom Mus trennt. Mit Karottensaft als Beigabe ist er eine wertvolle Hilfe bei der Verdauung. Kopfsalat kann man in Salaten entweder in großen Stücken oder nach Belieben geschnitten verwenden.

Kürbis enthält etwa 90 % Wasser und einen relativ niedrigen Anteil an Kohlenhydraten. Er ist reich an Natrium, Kalium, Magnesium und Eisen und ebenfalls reich an Chlor und Phosphor. Er hat eine abführende Wirkung, und seine harntreibenden Eigenschaften reizen die Nieren nicht.

Roher Kürbis ist köstlich, wenn man ihn sehr fein raspelt und mit Karotten, Rüben usw. als Grundlage für Salate serviert. Wenn man Kürbisse kocht, reduziert man ihren wertvollen Wassergehalt – er wird auf etwa 15 % reduziert – und erhöht den Gehalt an Kohlenhydraten auf mehr als 50 %, wobei Zucker in Stärke umgewandelt wird.

Lauch gehört zur Familie der Zwiebelgewächse und enthält mehr als 90 % Wasser. Er ist reich an Kalium und Kalzium und enthält ferner eine ordentliche Menge Phosphor, Chlor und Schwefel. Er ist reich an Vitamin B und C.

Lauch ist ein gutes Reinigungsmittel für den Körper; er hilft, die Bauchspeicheldrüse und die Absonderung von Verdauungssäften anzuregen. Er reinigt das Blut und regt die Tätigkeit der Muskeln an, wenn sie wegen häufigen oder übermäßigen Fleischverzehrs mit Harnsäure überlastet sind.

Man sollte Lauch nicht nur als Salatwürze verwenden, sondern in ausreichender Menge, um ihn zu einem wichtigen Bestandteil eines Salates zu machen.

Löwenzahn. Löwenzahnblätter enthalten mehr als 85 % Wasser. Sie sind sehr reich an Kalium, Kalzium, Natrium und vor allem an Magnesium. Die säurebildenden Elemente sind gering; dies verleiht der Zusammensetzung dieser Pflanze eine enge Beziehung zum Säure-Basen-Gleichgewicht des menschlichen Körpers. Löwenzahn ist sehr reich an den meisten Vitaminen, besonders an Vitamin A, B, C und D. Die Löwenzahnblüte ist sehr reich an Vitamin D.

Löwenzahn hat eine sehr anregende Wirkung auf die Drüsen. Sein Hauptwert besteht in der Stärkung der Knochen; vor allem gibt er den Zähnen Kraft und Festigkeit. Er ist außerdem wertvoll als Stimulanz der Lymphaktivität und hilft so bei der Ausscheidung durch die Hautporen.

Man kann die ganze Pflanze, Blätter, Blüten und Wurzeln verwenden, sowohl in Salaten als auch bei der Saftbereitung. Wegen seines bitteren Geschmacks empfiehlt es sich, den Saft mit Karottensaft vermischt zu trinken, wodurch man außerdem die wertvollen Wirkstoffe der Karotte als Grundlage hinzufügt.

Meerrettich ist eines unserer wertvollsten konzentrierten, natürlichen Lebensmittel, da er eines der wirksamsten Lösemittel für Schleim im Körper enthält, vor allem für den Schleim im Nebenhöhlen- und Nasenraum, dank eines hochwertigen, stark durchdringenden Äthers aus der Senfölgruppe. Dies gilt für die Meerrettichwurzel, wenn man sie mahlt oder noch besser reibt und in Mengen von nicht mehr als einem halben Teelöffel voll auf einmal ißt; denn sie regt zwar den Appetit an und hilft bei der Absonderung von Verdauungssäften, aber sie kann die Nieren und die Blase reizen, wenn man sie in größeren Mengen verzehrt.

Meerrettich enthält mehr als 75 % Wasser und von seinem Mineralgehalt sind 30 % Kalium und 29 % Schwefel. Die sauren Bestandteile im Meerrettich sind etwa um 10 % größer als die alkalischen.

Okra (Eibisch), roh verzehrt, ist vor allem für alle diejenigen von besonderem Wert, die mit Darmentzündungen zu tun haben. Für sich allein ist Okra ein etwas schleimiges Lebensmittel, wenn man ihn roh ißt, aber eine oder zwei mit Spinat, Senfblättern oder Salatblättern vermischte Pflanzen als Beigabe zu einem Salat stellen einen wertvollen Bestandteil dar, der die Absonderung von Verdauungssäften anregt und eine lindernde Wirkung bei Dickdarm-, Blasen- und Nierenreizungen hat.

Der Wassergehalt des Okras liegt bei mehr als 90 %. Der Kalziumgehalt macht mehr als ein Drittel des gesamten Gehaltes an Mineralien aus, und der Natriumgehalt beträgt ungefähr 20 %.

Paprika. Grüner Paprika ist wie der rote und gelbe Paprika besonders wertvoll, weil er viel Silizium und Fluor enthält, die der Haut, den Nägeln und dem Haar dringend notwendige Nahrung liefern. Er enthält mehr als 90 % Wasser.

Man kann Paprika in Scheiben geschnitten, gehackt oder gerieben in Salaten verwenden, und wenn sein Saft richtig gepreßt wird, stellt er als Beigabe zu Karottensaft ein wertvolles, nahrhaftes Getränk dar.

Scharfer Paprika ist ein Reizstoff und stimuliert den Verdauungstrakt, vor allem die Därme, die Nieren und die Blase zu stark.

Pastinaken enthalten mehr als 80 % Wasser und sind ziemlich reich an Kohlenhydraten. Kalium macht mehr als 40 % des Mineralgehaltes aus, Silizium fast 10 %. Sie sind außerdem reich an Phosphor, Schwefel und Chlor. Sie haben eine anregende Wirkung auf die Harnorgane und helfen bei Beschwerden der Blase und bei Nierensteinen. Die Spitzen sind reich an Mineralien, aber man sollte darauf achten, die wilde Art zu meiden, da diese ein Gift enthält, das den menschlichen Körper stark schädigen kann.

Die ganze Pflanze der kultivierten Art kann man zerkleinert, gerieben oder gehackt in Salaten verwenden.

Petersilie ist eines der wirksamsten Lebensmittel unter den weit verbreiteten Pflanzen. Es ist nicht ratsam, mehr als 1/8 Liter des richtig gepreßten Saftes täglich zu trinken, ohne andere Gemüsesäfte hinzuzufügen; andernfalls kann eine ernste Störung des Nervensystems hervorgerufen werden. Mit rohem Karotten- und Selleriesaft als Beigabe ist er eine sehr wertvolle Nahrung für die Sehorgane, für die Nieren und für die Blase und eine Hilfe bei der Beseitigung von Entzündungen der Urogenitalorgane. Er regt die Absonderung von Verdauungssäften an und ist eine große Hilfe bei Störungen der Leber und der Milz.

Der Wassergehalt von Petersilie beträgt bis zu 85 %, aber die Fasern sind so zäh, daß ein sehr gründliches Zerreiben und ein ausreichendes Maß an hydraulischem Pressen erforderlich ist, um alle Vitamine und Mineralien mit dem Saft zu extrahieren.

Petersilie ist reich an Kalium, Kalzium, Magnesium und Chlor. In Salaten sollte man sie sehr fein hacken, und man kann pro Portion bis zu einem oder zwei Eßlöffel voll verwenden, nicht nur zur Dekoration.

Wenn man Fleisch ißt, sollte man gleichzeitig immer rohe Petersilie essen, da sie harntreibend wirkt, um die übermäßige Harnsäure auszuscheiden, die bei der Verdauung von Fleisch entsteht.

Rettiche. Sie sollen unter der allgemeinen Bezeichnung »große und kleine Rettiche« erörtert werden. Die ersteren enthalten etwas mehr als 85 % Wasser, aber 50 % weniger Mineralien als die kleinen, während die letzteren mehr als 93 % Wasser enthalten und reich an Kalium, Natrium und Kalzium sind und einen hohen Chlorgehalt haben. Sie sind außerdem reich an Phosphor und Schwefel, während die große Art besonders viel Silizium enthält.

Rettiche enthalten einen flüchtigen Äther, der eine besondere Wirkung auf Schleim hat, den er auflöst. Sie haben außerdem Enzyme, die die Absonderung von Verdauungssäften unterstützen. Wegen ihrer harntreibenden Wirkung sind sie nützlich bei der Reinigung der Nieren und der Blase.

Der Saft der Rettiche, gemischt mit Karottensaft, ist eine wunderbare Hilfe bei der Reinigung und Heilung der Schleimhäute des Verdauungssystems sowie der Atemorgane.

Die kleinen Rettiche (**Radieschen**) werden entweder ganz oder in Scheiben geschnitten zum Garnieren von Salaten verwendet, während man die großen Rettiche, gerieben oder gehobelt, als Salatbestandteil verwenden kann.

Rosenkohl enthält viel Schwefel und Phosphor und viel Kalium; der Wassergehalt beträgt ungefähr 85 %. Wegen seines sehr hohen Schwefelgehaltes sollte man ihn mit Maßen essen. Wenn man Rosenkohl kocht, werden der Schwefel und all die anderen Elemente in anorganische Substanzen umgewandelt, die mehr schaden als nützen. Rosenkohl sollte man fein hacken oder mahlen und roh in Salate mischen. Er enthält dreimal soviel Schwefel wie Kohl.

Rüben (einschließlich Rote Bete) enthalten Kalium, Eisen, Natrium und Mangan. Ihr Nutzen ist größer, wenn man sowohl die Blätter als auch die Wurzeln roh ißt. Die Wurzeln kann man fein raspeln und die Blätter hacken oder mahlen. Sie enthalten mehr als 87 % Wasser. Der Kohlenhydratgehalt ist kaum höher als 9 %. Die Rübenblätter sind besonders reich an Mangan, was ihren Eisengehalt zu einer wertvollen Nahrung für die Leber und die roten Blutkörperchen macht.

Rohe Rüben und ihre richtig bereiteten Säfte werden mit Erfolg verwendet, um sowohl Menstruationszyklen und vorzeitige Menopause zu regulieren wie auch Verstopfung. Es ist jedoch ratsam, nicht mehr als 1/4 Liter reinen Rübensaft am Tag zu trinken, bis der Körper imstande ist, mehr davon zu vertragen.

Sauerkraut wird aus eingelegtem Kohl hergestellt. Der Kohl wird in feine Stücke geschnitten, in Lagen geschichtet – mit reichlichen Mengen Salz; Pfeffer und andere Gewürze werden manchmal hinzugefügt – und der Gärung überlassen. Er liefert eine Nahrung, die für den Gaumen appetitlich sein mag, die aber dem Verdauungssystem schadet, da sie unnatürliche Enzyme und große Mengen anorganisches Salz enthält. Das Salz kann die Vitalität der Blutgefäße verringern und andere degenerative Vorgänge im Körper fördern.

Schnittlauch ist eine angenehme Beigabe zum Salat. Er gehört zur Familie der Zwiebeln und enthält mehr als 80 % Wasser. Er enthält ziemlich viel Eiweiß und Kohlenhydrate und ist reich an Kalium, Kalzium, Phosphor und Schwefel. Er regt das Verdauungssystem an. Er ist wertvoll als Blutreiniger, ist aber stark harntreibend; darum sollte man ihn mit Maßen essen, vor allem wenn man Nierenprobleme hat. Leute, die Bier trinken, sollten meiner Meinung nach Schnittlauch meiden, da Bier nach meinen Erfahrungen eine starke auflösende Wirkung auf die Nieren hat. Ein harntreibendes Mittel wie Schnittlauch kann Nierenbeschwerden verursachen.

Sellerie. Die grünen Blätter des Selleries sollte man, wenn immer möglich, ebensooft wie die Stengel verwenden, da sie nicht nur sehr viel Natrium enthalten, sondern auch Insulin als wertvollen Bestandteil Sellerie enthält mehr als viermal soviel organisches Natrium wie Kalzium. Da der übermäßige Verzehr konzentrierter Stärkenahrung oft zur Folge hat, daß sich im Organismus anorganisches Kalzium ablagert, ist es von großem Nutzen, täglich viel Sellerie zu essen. Das organische Natrium im Sellerie hilft anorganisches Kalzium in gelöstem Zustand zu halten, bis wenigstens ein Teil davon aus dem Körper befördert werden kann, ehe es sich ansammelt und Beschwerden verursacht. Außerdem ist der reiche Magnesium- und Eisengehalt des Selleries wertvoll als Nahrung für die Blutzellen.

Sellerie enthält fast 95 % Wasser. Er ist vielleicht unser natriumchloridreichstes Lebensmittel. Bei heißem Wetter und in tropischem Klima leiden Menschen, die viel frischen rohen Selleriesaft trinken, nicht unter der Hitze, vor allem dann, wenn die Ausscheidung von Abfallstoffen aus dem Körper zufriedenstellend ist. Kochsalz, das anorganisches Natriumchlorid ist, schadet dem Körper

Bei heißem Wetter lege ich Wert darauf, täglich mindestens einen halben Liter rohen Selleriesaft zu trinken.

Ich kenne Leute mit nervösen Störungen und Schlaflosigkeit, die rohen Selleriesaft tranken und in wunderbarer Weise davon profitierten. Ich habe sie ruhig und gelassen gesehen, wenn sie nur ein oder zwei Gläser am Nachmittag und am Abend tranken, und sie konnten auch wieder schlafen.

Einige Leute haben die nüchternmachenden Eigenschaften rohen Selleriesaftes (wie auch einer Mischung aus Karotten-, Sellerie-, Petersilien- und Spinatsaft) entdeckt und haben die fabrikmäßige Produktion begonnen, hauptsächlich, um ihn als Gegenmittel zum Alkoholrausch zu verkaufen.

Wenn man der Wurzel der Selleriepflanze erlaubt, sich voll zu entwickeln, wird auch sie zu einem wertvollen Bestandteil für Salate, und man kann sie entweder gerieben oder gemahlen verwenden. Der Wassergehalt der Wurzel beträgt 84 %. Der Kohlenhydratgehalt ist mehr als viermal so hoch wie bei den Sellerieblättern und – stangen, und der Kaliumgehalt beträgt weniger als 50 %. Im Vergleich zu den Blättern und Stangen ist nur eine Spur von Natrium vorhanden. Auch der Eisen- und Siliziumgehalt ist etwa 50 % niedriger.

Senfblätter haben einen hohen Gehalt an Schwefel, Phosphor und Chlor und einen recht großen Gehalt an anderen Mineralien, vor allem an Kalium. Der Wassergehalt beträgt mehr als 85 %, und darum sind sei ein gutes reinigendes Lebensmittel, vor allem dann, wenn die Blätter jung sind.

Senfblätter haben bei manchen Menschen eine leicht abführende Wirkung. Wenn man sie roh in vernünftigen Mengen ißt, stellen sie einen wertvollen Bestandteil für Salate dar.

Spargel ist besonders reich an Silizium, hat einen hohen Phosphorgehalt und einen guten Gehalt an Kalium, Natrium, Mangan und Eisen. Er enthält mehr als 90 % Wasser, und man sollte ihn mit Maßen essen, da er sehr starke reinigende Eigenschaften hat, vor allem in bezug auf die Nieren und die Blase. Man ißt ihn am besten roh als Teil von Salaten, mit anderem Gemüse vermischt. Gekochter Spargel verliert nicht nur seinen Nährwert, sondern er kann die Nieren reizen.

Spinat ist eines unserer wertvollsten Blattgewächse. Er enthält mehr als 88 % Wasser und ist besonders reich an hochwertigem Eisen. Er ist außerdem reich an Natrium, Kalium und Kalzium, und der Magnesiumgehalt ist sehr hoch.

Der rohe und frische Saft ist eines der nahrhaftesten Lebenmittel für alle Verdauungs- und besonders für die Ausscheidungsorgane. Während Abführmittel durch Reizung der unteren Darmabschnitte wirken, folgt Spinatsaft dem natürlichen Weg und ernährt die Zellen und Gewebe sowie die Nerven und Muskeln, so daß schließlich eine normale Ausscheidung stattfinden kann. Die Beigabe von frischem rohem Karottensaft zu Spinatsaft ist eine besonders gute Hilfe, um den normalen Tonus des Darmes wiederzuerlangen.

Spinat enthält Oxalsäure. Wenn der Spinat roh ist, ist diese Oxalsäure in ihrer natürlichen Form organisch und stimuliert in Zusammenarbeit mit den anderen natürlichen Wirkstoffen, die im Spinat vorhanden sind, die Peristaltik des Darmes. Wird Spinat dagegen gekocht, werden die organischen Eigenschaften aller Wirkstoffe zerstört, und dies gilt gleichermaßen für die Oxalsäure, die dann in eine anorganische Säure umgewandelt wird und als solche in den Nieren Oxalsäurekristalle bilden kann.

Salaten sollte Spinat als wichtiger Bestandteil beigegeben werden. Nachdem man die Blätter gründlich gewaschen hat, kann man sie entweder fein hacken oder mit einem Gerät wie dem Champion-Entsafter zerkleinern. Nachdem man sich daran gewöhnt hat, Spinat auf diese Weise roh zu essen, schätzt man seinen Geschmack und seinen Wert gewöhnlich höher ein als den des gekochten Spinats.

Squash (Patissonkürbis) ist ein Mitglied der Melonenfamilie. Der gewöhnliche Kürbis ist ebenfalls ein Mitglied dieser Familie, und seine allgemeine Beschreibung gilt weitgehend für alle Kürbisarten.

Squash kann man roh mit größerem Nutzen als gekocht essen, und für Salat kann man ihn auf die gleiche Weise zubereiten, wie es für Kürbisse beschrieben wurde.

Steckrüben gibt es in zwei Hauptarten, die ein sehr verbreitetes Tafelgemüse sind: die weiße und die gelbe. Die gelbe Sorte hat einen viel stärkeren Geschmack als die weiße.

Steckrüben enthalten fast 90 % Wasser. Kalium macht fast 50 % des Mineralgehaltes aus. Die Blätter haben einen äußerst hohen Kalziumgehalt und sind sehr reich an Eisen, Magnesium und Kalium.

Die Blätter sind wie die Wurzeln besonders wertvoll, wenn man daraus Saft bereitet. In dieser Form sind sie ein ausgezeichnetes Lebensmittel für alle Teile des Knochensystems. Wenn wir den Saft von Rübenblättern mit Karotten- und Löwenzahnsaft kombinieren, können wir das Skelett damit gut ernähren, vor allem die Zähne, und zwar bei Erwachsenen nicht weniger als bei Kindern.

In einem Salat machen Rübenblätter ein wenig Schwierigkeiten, es sei denn, man dreht sie durch ein Gerät vom Fleischwolftyp. Steckrüben kann man als Bestandteil von Salaten reiben, schnitzeln oder mahlen.

Tomaten sind eine Frucht. Sie werden in der Liste der Früchte beschrieben.

Zwiebeln sind reich an ätherischen Ölen, die eine stark durchdringende Wirkung haben und nützlich für die Schleimhäute sind. Einige Arten sind stärker als andere. Man verwendet die stärkeren hauptsächlich als Gewürz, während einige der größeren Sorten, deren Geschmack nicht ganz so stark ist, häufiger als Bestandteil von Salaten verwendet werden.

Zwiebeln sind reich an Kohlenhydraten. Kalium stellt etwa 25 % des Gehaltes an Mineralien; Kalzium, Silizium, Phosphor und Eisen sind ebenfalls reichlich vorhanden. Der Wassergehalt beträgt bis zu 85 %.

Früchte

Früchte sind die Reiniger des Körpers. Sie enthalten mehr als 90 % Wasser. Der Eiweißgehalt ist zwar niedrig, aber der Gehalt an Kohlenhydraten ist entsprechend höher.

Rohe Früchte enthalten keine Stärke. Nur wenn man sie kocht, wird in einigen von ihnen der Zucker in ein Stärkekohlenhydrat umgewandelt. Im Verlauf der Verdauung müssen diese Stärkekohlenhydrate in primäre Zucker zurückverwandelt werden, bevor sie vom Körper verbraucht werden können; dabei werden diese Organe gewöhnlich überfordert, z. B. die Bauchspeicheldrüse, deren Aufgabe es ist, bei dieser Umwandlung zu helfen.

Daß Früchte die Reiniger des Körpers sind, liegt an ihrem hohen Kohlenhydratgehalt. Bildlich gesprochen dient der Kohlenstoff dazu, Abfallstoffe im Körper zu verbrennen, aber dies geschieht nur dann, wenn die Früchte frisch und roh sind und wenn außerdem während einer Mahlzeit, in der Früchte gegessen werden, kein konzentrierter Zucker und keine konzentrierte Stärke verzehrt werden. Wenn konzentrierte Stärke- und Zuckerprodukte gleichzeitig während einer Mahlzeit gegessen werden, die frische rohe Früchte enthält (ausgenommen Bananen, Datteln, Feigen und Rosinen), haben die Früchte keine alkalische Reaktion mehr im Körper, sondern neigen dazu, einen sauren Zustand hervorzurufen und gleichzeitig die Kohlenhydrate zum Gären zu bringen.

Ananas enthalten fast 90 % Wasser und sind reich an Kalium. Kalzium und Natrium. Wegen der ziemlich großen Menge an Schwefel und Chlor, die ebenfalls vorhanden ist, sind sie wertvolle Reiniger.

Ananas enthalten eine große Menge Säuren, vor allem Zitronen-, Malein- und Tartarinsäure, die in ihrer organischen Form eine Verdauungshilfe sind und harntreibend wirken.

Obwohl die organischen Bestandteile während des Konservierungs- oder Eindosungsverfahrens ihre vitalen Eigenschaften verlieren, kann man dennoch gewisse zeitweilige Vorteile aus dem Genuß dieser Ananas ziehen, vorausgesetzt, daß ihnen keinerlei Zucker beigegeben wurde.

Als erstklassige Salatsoße sind in Scheiben geschnittene oder zerdrückte Ananas, insbesondere rohe, eine wohlschmeckende und nützliche Beigabe, vorausgesetzt, daß sie nicht mit Zucker gesüßt wurden.

Äpfel regen die Tätigkeit der unteren Darmabschnitte an, sofern sie auf nüchternen Magen gegessen werden. Sie sind reich an Magnesium, Eisen und Silizium, und ihr Gehalt an Kalium ist sehr hoch. Sie enthalten in ihrem natürlichen Zustand ungefähr 85 % Wasser und sind eine wertvolle Hilfe für die Verdauung, sowohl in ihrem natürlichen Zustand als auch als frischer Saft.

Äpfel haben eine Reinigungswirkung, die vor allem dann spürbar ist, wenn die Därme verstopft sind, und bei diesem Zustand verursachen einige Sorten wahrscheinlich Unbehagen während des Reinigungsprozesses. Wenn dies der Fall ist, kann man manchmal feststellen, daß man andere Sorten mit geringeren oder ohne Beschwerden essen kan.

Der Saft frischer Äpfel ist bei Fieber und Entzündungen von großem Nutzen, wenn er roh ist. Apfelwein hat eine günstige Wirkung auf den Körper.

Frischer roher Apfelsaft wird häufig als »süßer Apfelwein« bezeichnet.

Das Thema Essig habe ich in meinem Buch *»Frische Gemüse- und Fruchtsäfte«* ausführlich behandelt. Es ist unbedingt zu empfehlen, dieses Kapitel zu lesen und zu studieren, bevor Sie Essig verwenden. Dies ist sehr wichtig.

Äpfel kann man ganz in ihrem natürlichen Zustand essen, zusammen mit Salaten und Gemüse und mit anderen Früchten.

Um eine hervorragende Soße für Salate herzustellen, kann man Äpfel reiben oder schnitzeln. In dieser Form stellen sie eine köstliche Grundlage für jede Früchtemahlzeit dar.

Äpfeln sollte niemals Zucker in irgendeiner Form beigegeben werden. Wenn Sie süßen wollen, sollten Sie Honig verwenden.

Apfelsinen (Orangen) enthalten fast 87 % Wasser und sind reich an Kalium, Kalzium und Magnesium. Sie enthalten außerdem Silizium. Die organischen Zitronensäuren und anderen Fruchtsäuren sorgen zusammen dafür, daß diese Frucht zu unseren wertvollsten zählt.

Sie sind reich an Vitamin A, B und C.

Es gibt nur wenige Früchte, deren alkalische Wirkung auf eine Übersäuerung des Körpers so rasch eintritt. Häufig ist die Apfelsine eine der wertvollsten Früchte, die man während einer Fastenkur essen kann; wobei sich eine Kost aus Apfelsinen und Apfelsinensaft, drei bis sechs

Tage lang jeden Tag in reichlicher Menge und ohne irgendein anderes Nahrungsmittel verzehrt, als äußerst nützlich erwiesen hat.

Von der Kindheit an bis ins hohe Alter gibt es keine Frucht, die weitreichendere Wirkungen hätte als Orangen und ihr Saft. Solange sie erhältlich sind, sollte man sie täglich essen, entweder während einer Mahlzeit oder zwischen den Mahlzeiten.

Apfelsinen sollten Sie innerhalb von fünfzehn Minuten nach dem Zerlegen essen, da sie schnell oxidieren.

Unter keinen Umständen sollten Sie Zucker hinzufügen. Wenn Sie süßen wollen, nehmen Sie Honig.

Aprikosen gehören zu unseren delikatesten Früchten. Wegen ihrer leichten Verderblichkeit sind sie schwer zu transportieren. Drei reife Aprikosen sind eine der besten Quellen für organisches Eisen zur Bildung von roten Blutkörperchen. Silizium ist ein anderes sehr wertvolles Element, das in Aprikosen enthalten ist.

Der Wassergehalt reifer Aprikosen beträgt ungefähr 85 %.

Wenn man diese Frucht kocht, wird ihre lebensspendende Kraft zerstört. Wenn Aprikosen frisch und reif sind, sind sie eine köstliche Beigabe zu einem Früchte- oder Gemüsesalat.

Avocado, auch bekannt als Alligatorbirne, enthält mehr als 70 % Wasser. Sie ist eine unserer wertvollsten Quellen für organisches Fett, das 20 % ihrer Bestandteile ausmacht. Sie ist reich an Mineralstoffen, und man sollte sie erst essen, wenn sie reif ist; dann ist sie wohlschmeckend, und ihr Fleisch hat die halbfeste Konsistenz von Butter. Man kann sie sogar roh anstelle von Butter verwenden.

Avocado ist ein außergewöhnliches Lebensmittel und sollte gegessen werden, wann immer sie erhältlich ist. Auf Salaten kann man sie halbieren, diagonal in Scheiben oder Ringe schneiden und entweder als wichtigen Bestandteil des Salates oder zum Garnieren beigeben. Man kann sie auch cremig schlagen und mit Zitronensaft, Zwiebelsaft, Knoblauch usw. würzen und als Salatsoße in jedem Früchte- oder Gemüsesalat verwenden.

Die Frucht ist reif, wenn das Fleisch auf leichten Fingerdruck etwas nachgibt.

Bananen sollte man nur essen, wenn sie völlig reif sind. In diesem Zustand sind keinerlei grüne Stellen erkennbar, vor allem nicht an den Enden. Wenn sie reif sind, enthalten Bananen mehr als 75 % Wasser, während der Zuckergehalt 22 % beträgt. Letzterer bildet sich aber erst vollständig, wenn sie reif sind. Sie sind reich an Kalium, ebenso an Natrium und Magnesium.

Sowohl Kälte als auch übermäßige Hitze verhindern ihre Reifung beträchtlich.

Wenn Bananen reif sind, sind sie besonders empfindlich gegen niedrige Temperaturen. Wenn man sie in einen kalten Kühlschrank legt, werden sie schwarz, und sie können ihren Geschmack verlieren. Um Verderb zu verhindern, sollte man sie bei einer Temperatur von etwas mehr als 10°C aufbewahren.

Wenn man Bananen aussucht, werden Sie feststellen, daß die vollen und rundlichen im allgemeinen mehr Geschmack haben und delikater sind, obwohl einige Sorten von minderer Qualität selbst dann fade schmecken, wenn sie rundlich sind. Bananen sind reif, wenn Sie kleine braune Flecken haben.

Bananen sind Kohlenhydratfrüchte. Da der hohe Zuckergehalt von natürlicher Art und der Wassergehalt hoch ist, sind sie leicht verdaulich, wenn sie reif sind, und sie vertragen sich gut mit anderen Früchten.

Beeren, einschließlich Brombeeren, Stachelbeeren, Heidelbeeren, Himbeeren und Erdbeeren sowie alle anderen Arten eßbarer Beeren sind wertvolle, nahrhafte Lebensmittel mit reinigenden Eigenschaften. Sie enthalten alle einen großen Anteil Wasser, der sich zwischen 80 % und 90 % bewegt

Alle Beeren sind reich an Kalium und anderen Mineralien, und wenn sie reif sind, enthalten sie wertvollen, natürlichen Zucker, der bei der Reinigung des Körpers hilft.

Wenn Sie nach Süßem verlangen, sollten Sie auf Beeren Honig verwenden. Süßen Sie nie mit Fabrikzucker, weil sie dann im Körper Gärung hervorrufen, die zu einer sauren Reaktion führt. Dies ist auch dann der Fall, wenn man Beeren zu Getreidegerichten ißt oder auf Kuchen, Torten und anderen stärkehaltigen Nahrungsmitteln gibt. Dann findet im Körper eine ähnliche saure Reaktion statt.

Beerensaft ist für den Körper besonders nützlich, wenn er roh ist. Dieser Nutzen geht jedoch verloren, wenn die Säfte eingedost oder konserviert werden; in diesem Zustand ist ihre Lebenskraft zerstört, und die Elemente sind anorganisch geworden.

Birnen enthalten fast 85 % Wasser und sind reich an alkalischen Substanzen. Sie haben eine stark harntreibende Wirkung und sind wertvoll als generelle Körperreiniger.

Wenn Sie Birnen kochen, eindosen oder verarbeiten, geht der größte Teil ihres Wertes verloren, weil dabei die organischen Elemente in anorganische Stoffe umgewandelt werden.

Datteln zählen zu den Früchten, die die meisten Kohlenhydrate enthalten. Der Wassergehalt von Datteln ist verhältnismäßig niedrig, während der Kohlenhydratgehalt in Form von natürlichem Zucker bei etwa 70 % liegt. Sie sind reich an Kalium und Chlor, und ihr durchschnittlicher Gehalt an alkalischen Substanzen ist hoch.

Datteln gehören zu den besten Ersatzmitteln für Süßigkeiten. Erwachsene sollten nicht weniger als Kinder dazu ermutigt werden, Datteln anstelle von Bonbons zu essen, die äußerst säurebildend wirken.

Achten Sie darauf, keine konserviertem mit Schwefelsäure behandelten Datteln zu essen.

Datteln kann man sehr gut anstelle von Brot und anderen Stärkeprodukten verwenden. Sie sind nützlich und nicht säurebildend.

Ihr Kohlenstoff setzt sich aus natürlichem Zucker zusammen, und daher vertragen sie sich gut mit anderen Früchten.

Dattelzucker ist ein Produkt der natürlichen Kristallisation der Kohlenhydrate in den Datteln. Er ist ein guter Ersatz für Rohrzucker oder andere Zuckerarten, und man kann ihn ohne Bedenken als Zusatz zu Gemüse- und

Fruchtsalaten verwenden. Auch auf Gerichten mit Sahne zum Frühstück ist er köstlich.

Feigen. Frische Feigen sind äußerst nützlich. Sie sind in der Tat eines der besten natürlichen Abführmittel. Sie enthalten fast 80 % Wasser und haben einen sehr hohen Kalium-, Kalzium- und Magnesiumgehalt.

Während der Saison sollte man reichlich frische Feigen essen, vor allem Kinder.

Granatäpfel enthalten fast 77 % Wasser und sind außergewöhnlich reich an Natrium, das beinahe 50 % aller Mineralien und Salze ausmacht. Sie enthalten etwas Vitamin A und sind reich an Vitamin B und C.

Die Haut und die Trennwände des Granatapfels haben einen sehr hohen Gehalt an Tanninsäure und an anderen bitteren Inhaltsstoffen, und sie haben eine stopfende Wirkung. Die eßbaren Teile haben jedoch eine allgemein reinigende und kühlende Wirkung auf den Körper und sind etwas abführend.

Grapefruits (Pampelmusen) sind nachweislich eine der wertvollsten Früchte bei der Beseitigung oder Auflösung anorganischen Kalziums, das sich – wie bei Arthritis – als Folge übermäßigen Verzehrs denaturierter Weißmehlprodukte in den Knorpeln der Gelenke angereichert hat. Frische Grapefruits enthalten organische Salizylsäure, die hilft, anorganisches Kalzium im Körper aufzulösen.

Sie ist auch reich an anderen Fruchtsäuren und Zucker. Sie enthält fast 87 % Wasser und ist reich an Kalium und anderen alkalischen Elementen.

Geben Sie Grapefruits niemals Zucker bei, da die Säure eine Gärung des Zuckers im Körper bewirkt, und dann reagiert die Frucht im Körper eher sauer als alkalisch.

Wenn Sie Grapefruits oder ihren Saft eindosen oder auf irgendeine Weise konzentrieren, geht der Wert der organischen Elemente verloren, und die Säuren werden in anorganische Säuren umgewandelt, die nur von geringem Wert für den Körper sind.

Johannisbeeren. Die häufigsten Arten sind rote, weiße und schwarze Johannisbeeren. Sie enthalten etwa 80 % Wasser und sind reich an Kalium. Ihr Kohlenhydratgehalt beträgt etwa 11 % bei der roten, 13 % bei der gelben und fast 19 % bei der schwarzen Johannisbeere. Die roten haben einen viel höheren Säuregehalt. Sie sind jedoch alle nützlich, da sie die Sekretion verschiedener Drüsen anregen. Der frische rohe Saft von Johannisbeeren ist besonders für die Nieren und bei Entzündungszuständen im Körper wertvoll. Sie helfen außerdem, Verschleimungen im Verdauungstrakt zu lindern.

Wenn man Johannisbeeren kocht, und vor allem wenn man Zucker hinzufügt, geht ihre nützliche Wirkung verloren. Wenn man sie als Gelee oder Marmelade in Verbindung mit konzentrierten Kohlenhydraten oder Stärkeprodukten verwendet, sind sie stark säurebildend.

Kirschen enthalten fast 80 % Wasser und sind reich an natürlichen Fruchtzuckern sowie an Mineralien.

Die dunklen Kirschen sind für den Körper von größerem Nutzen als die helleren, da sie eine größere Menge Magnesium und Eisen enthalten sowie viel Silizium. Sie sind wertvoll als Blutreiniger, sie stimulieren die Absonderung von Verdauungssäften und von Urin. Sie sind wirksame Reinigungsmittel für die Leber und die Nieren.

Während der Saison kann man ein ganze Mahlzeit aus nichts anderem als guten reifen Kirschen zusammenstellen, und zwar bis zu einem oder zwei Pfund pro Mahlzeit.

Limonen sind das Produkt einer Kreuzung zwischen Zitronen und Orangen; sie sind süßer als die ersteren und haben die Eigenschaften und Vorzüge beider Arten. Wenn sie noch grün sind, werden sie manchmal sogar anstelle von Zitronen verwendet. Es ist aber am besten, wenn man sie ißt, wenn sie reif sind.

Melonen aller Art sind außerordentlich nützlich, besonders wenn sie eine ganze Mahlzeit bilden. Wenn man Melonen ißt, ist es am besten, während derselben Mahlzeit nichts anderes zu essen, sondern soviel Melonen zu essen, wie man wünscht.

Der Wassergehalt von Melonen liegt zwischen 90 und 93 %, je nach der Art. Sie enthalten eine kleine Menge Zellulose, die leicht verdaut wird, sofern nichts anderes ihre Verdauung stört. Sie sind reich an Kalium, und der Gehalt an alkalischen Elementen steht im Verhältnis drei zu eins zu den sauren Elementen.

Wegen ihrer harntreibenden Wirkung sind sie besonders erwünscht bei Nierenstörungen. In manchen Fällen ist die Beigabe einer kleinen Menge Zitronensaft nützlich, aber man sollte ihnen weder Zucker noch Salz beigeben.

Dies gilt ganz allgemein für Cantaloupen, Casabas, Honigmelonen, Zuckermelonen, Persische Melonen, Wassermelonen usw.

Nektarinen enthalten fast 83 % Wasser, wenn sie reif sind. Ihre Zusammensetzung ähnelt der des Pfirsichs, das heißt sie sind reich an Kalium und enthalten eine ordentliche Menge Kalzium und Natrium. Sie haben jedoch einen höheren Kohlenstoffgehalt als Pfirsiche. Sie sind gute Reiniger und haben einen köstlichen Geschmack. Wenn sie reif sind, läßt sich der Stein leicht entfernen.

Oliven sind besonders ölhaltig. Sie enthalten mehr als 50 % Öl gegenüber fast 40 % Wasser. Sie sind außergewöhnlich reich an Kalium, das mehr als 80 % aller wasserfreien Mineralien und Salze ausmacht.

Reife Oliven sind ein gesundes Lebensmittel, das den Körper mit wertvollem Gleitmittel versorgt.

Orangen siehe Apfelsinen.

Pampelmusen siehe Grapefruits.

Papayas sind wegen ihrer eiweißverdauenden Substanzen von besonderem Wert. Darum sind sie geeignet, den Appetit anzuregen und die Absonderung von Verdauungssäften zu fördern. Es sind tropische Früchte, reich an Natrium und Magnesium sowie an Phosphor und Schwefel, und ihr Wassergehalt beträgt bis zu 87 %.

Persimonen (Dattelpflaumen oder Kakis) enthalten mehr als 66 % Wasser und viele Kohlenhydrate. Essen sollten Sie sie nur, wenn sie ganz reif sind; nur dann hat sich der Zucker vollständig gebildet. Sie sind reich an Kalium und Magnesium und enthalten eine gewisse Menge Phosphor, und zwar reichlicher, bevor die Frucht reif ist Sie finden wegen ihrer abführenden Wirkung Beachtung.

Pfirsiche enthalten mehr als 88 % Wasser und sind reich an Kalium, Kalzium und Natrium. Sie sind leicht verdaulich, haben eine stark alkalische Wirkung auf den Körper und regen die Absonderung von Verdauungssäften an.

Sie haben sowohl eine abführende als auch eine harntreibende Wirkung und helfen bei der Reinigung des Körpers bei Nieren- und Blasenproblemen.

Wenn Sie Pfirsiche kochen oder eindosen, gehen ihre Wirkstoffe verloren. Wenn Sie Zucker beigeben, ist die Reaktion im Körper sauer. Zucker sollte nicht mir Pfirsichen gegessen werden. Wenn Sie süßen wollen, nehmen Sie Honig.

Pflaumen enthalten mehr als 78 % Wasser und sind reich an Kalium, Kalzium, Magnesium und Phosphor. Sie enthalten mehrere Fruchtsäuren, von denen einige die Nieren reizen können. Sie haben jedoch eine stark abführende Wirkung. Pflaumen ißt man am besten roh und reif; in diesem Zustand sind sie süß und saftig, und der Stein läßt sich leicht entfernen.

Dies gilt für alle Pflaumenarten einschließlich Reineclauden.

Preiselbeeren enthalten fast 90 % Wasser. Ihr Schwefelgehalt ist außergewöhnlich hoch. Sie enthalten ferner große Mengen bestimmter Säuren, vor allem Oxal- und Tanninsäure. Infolgedessen ist ihre Reaktion im Körper entschieden sauer, und das verschlimmert sich noch beträchtlich, wenn sie gekocht werden, besonders dann, wenn man Zucker hinzufügt.

Unter bestimmten Bedingungen sind rohe Preiselbeeren nützlich, zum Beispiel bei Nieren- und Leberstörungen und manchmal bei übermäßiger Darmtätigkeit.

Wegen ihres außergewöhnlichen Säuregehaltes sind sie jedoch eine Frucht, die man am besten mit äußerster Zurückhaltung verwendet, sofern man sie nicht gänzlich vom Speiseplan streicht.

Quitten sind nur eßbar, wenn sie in warmem Klima am Baum gereift sind; dann ist der Fruchtzucker voll entwickelt. Wenn man sie in grünem, unreifem Zustand und mit Zuckerbeigaben ißt, sind sie im Körper stark säurebildend.

Rhabarber ist wegen seines äußerst hohen Oxalsäuregehalts eines der schädlichsten Lebensmittel. Die Beigabe von Zucker, wenn man ihn kocht, verschlimmert seine säurebildenden Eigenschaften. Er scheint mir wegen seiner ausgesprochen schädlichen Wirkung ein unnötiger Bestandteil der Ernährung zu sein. *(Lesen Sie dazu das Kapitel über Oxalsäure im Buch »Frische Gemüse- und Fruchtsäfte«.)*

Tomaten sind eine Frucht der sauren Art, haben aber eine stark alkalische Wirkung auf den Organismus, vorausgesetzt, daß während ihres Verzehrs oder während ihrer Verdauung keine Zucker- oder Stärkekohlenhydrate vorhanden sind. Die Beigabe von Zucker, Brot, Kräckern usw. führt zur Gärung und bildet viel Säure im Verdauungssystem.

Tomaten enthalten 94 % Wasser und sind außergewöhnlich reich an Kalium, Magnesium, Natrium und Kalzium. Sie enthalten außerdem viel Chlor und Phosphor sowie eine kleine Menge Silizium.

In ihrem natürlichen Zustand – frisch, reif und roh – sind sie äußerst nützlich, da sie im Körper sehr schnell alkalisch reagieren. Man kann sie ganz, in Scheiben geschnitten oder geviertelt in Salaten essen und ihr frischer, roher Saft wirkt besonders reinigend und kräftigend.

Der Zusatz von Gewürzen und von Konservierungsstoffen wie Benzoate usw. zerstört die günstige Wirkung dieser Frucht vollständig und führt stattdessen zu Reizzuständen der Därme, der Nieren usw.

Eine der häufigen Ursachen von Geschwüren im Darmtrakt bei den lateinamerikanischen Völkern wird dem übermäßigen Verzehr von Tomaten zusammen mit konzentrierten Stärkeprodukten, z. B. Makkaroni und Spaghetti aller Art, Reis usw., zugeschrieben, und es ist interessant zu wissen, daß diese Geschwüre sich bessern, wenn man diese unverträglichen Kombinationen vom Speiseplan streicht.

Gekochte, eingedoste oder in irgendeiner Weise verarbeitete Tomaten verlieren ihre wichtigen organischen Wirkstoffe.

Weintrauben enthalten im Durchschnitt 80 % Wasser. Ihr Zuckergehalt ist hoch, aber man zählt sie nicht zu den Kohlenhydratfrüchten. Sie sind sehr reich an Kalium und Eisen, und ihre alkalischen Substanzen überwiegen.

Frische, reife Weintrauben der Saison gehören zu unseren gesündesten Früchten; sie sind eines der besten Mittel zur Ausscheidung von Harnsäure aus dem Organismus. Sie sind auch deshalb wertvoll, weil sie die Absonderung von Verdauungssäften anregen.

Reichlicher Verzehr von Weintrauben wurde als Ausscheidungsdiät zu einer beliebten und erfolgreichen Methode zur Wiederherstellung des Säure-Basen-Gleichgewichts des Körpers. Weintrauben aller Art haben sich zu diesem Zweck als nützlich erwiesen.

Eine Mahlzeit, die sich gänzlich aus Trauben zusammensetzt – etwa ein oder zwei Pfund, entsprechend dem persönlichen Geschmack und Aufnahmevermögen –, ist im allgemeinen sehr sättigend und nahrhaft. Wenn man drei oder vier Tage lang etwa ein halbes Pfund reife Weintrauben alle zwei Stunden während des ganzen Tages verzehrt und jede andere Nahrung meidet, kann man häufig eine gute, reinigende Wirkung auf den ganzen Organismus feststellen.

Zitronen sind reich an organischer Zitronensäure, und obwohl sie sauer schmecken, haben sie im Körper eine starke alkalische Wirkung, vorausgesetzt, es wird kein Zucker hinzugefügt. Sie enthalten fast 90 % Wasser.

Zitronensaft ist bei Schnittwunden usw. ein wundervolles Antiseptikum. Zuerst kann er ein wenig brennen, aber nicht wirklich schmerzhaft.

Zitronensaft ohne Zuckerzusatz ist eines der wertvollsten Hilfsmittel, das wir haben. Ich kenne beispielsweise viele, die einen oder zwei Tage lang alle ein bis zwei Stunden den Saft zweier Zitronen in einem Achtelliter heißem Wasser trinken und während dieser Zeit jede andere Nahrung meiden. Auf diese Weise überwinden und beseitigen sie eine schlimme Erkältung. In gleicher Weise wird Zitronensaft mit Erfolg als Heilmittel bei sehr vielen anderen körperlichen Störungen oder bei chemischer Unausgewogenheit verwendet.

Trockenfrüchte

Wenn frische Früchte nicht erhältlich sind, ist es von Vorteil, wenn Sie sonnengetrocknete Früchte bekommen können, die nicht geschwefelt oder in irgendeiner Weise verarbeitet wurden. Der Zweck der Schwefelung getrockneter Früchte ist es, ihre Haltbarkeit zu verbessern und manchmal auch ihr Aussehen. Bei diesem Verfahren wird die Frucht mit anorganischem Schwefel getränkt, den man aus der Frucht nicht wieder vollständig herauswaschen kann. Es ist daher besser, Trockenfrüchte auszuwählen, die nicht auf diese Weise behandelt worden sind.

Im allgemeinen können Sie aus Trockenfrüchten großen Nutzen ziehen, vor allem wenn frische Früchte nicht zu bekommen sind. Während des Trocknungsprozesses wird der Wassergehalt auf ungefähr ein Fünftel reduziert. Der Gehalt an natürlichen Zuckerkohlenhydraten in Form von Fruchtzuckern steigt auf etwa die fünffache Menge, die in frischen Früchten enthalten ist.

Die beste Methode, Trockenfrüchte zu verwenden, ist, sie gründlich zu waschen, in einen tiefen Teller zu legen und mit destilliertem Wasser gerade eben zu bedecken und sie so lange einzuweichen, bis sie weich, aber nicht matschig werden, bevor man sie ißt. Wenn nicht das ganze Wasser von den Früchten aufgenommen wird, so ist dies ein Zeichen dafür, daß Sie zuviel Wasser genommen haben.

Danach sollten die Früchte bis zum Verzehr kühl gelagert werden.

Nüsse

Nüsse gehören zu unseren wertvollsten Quellen für konzentriertes Eiweiß und Fett. Wenn Sie ein bis eineinhalb Pfund ungesalzene rohe Nüsse in der Woche verzehren, ist Fleisch als Nahrungsmittel unnötig, selbst wenn Sie körperlich schwer arbeiten. Dies gilt vor allem dann, wenn Sie auch auf Stärke und Zucker verzichten und an ihrer Stelle reichlich rohe Früchte und Gemüse essen und eine genügende Menge roher Säfte trinken.

Cashewnüsse werden nicht so leicht verdaut wie andere Nüsse. Sie gehören eher zu den Hülsenfrüchten.

Erdnüsse sind keine Nüsse. Sie gehören zu den Hülsenfrüchten, die für den menschlichen Körper besonders schädlich sind, und zwar wegen ihrer extrem säurebildenden Wirkung nicht nur auf das Verdauungssystem, sondern auf den ganzen Körper. Es gibt nur wenige Dinge, die so schädlich sind wie Erdnüsse. In ihrer Wirkung liegen sie – nur noch hinter dem Popcorn – an zweiter Stelle.

Nüsse, die gekocht, geröstet oder auf andere Weise übermäßiger Hitze ausgesetzt wurden, sind schädlich wegen der Veränderungen, die unter diesen Bedingungen im Fett eintreten. Dann ist die Wirkung auf die Leber und die Gallenblase schädlich, und sie kann früher oder später die Funktion dieser Organe beeinträchtigen.

Nußbutter wird manchmal leichter verdaut als die Nüsse selbst, vorausgesetzt, daß weder die Nüsse noch die Butter der Hitze ausgesetzt wurden.

Kastanien enthalten gewöhnlich 50 bis 75 % Kohlenydrate.

Mandeln sind in frischem, rohem und ungesalzenem Zustand die alkalischsten aller Nüsse. Sie sind besonders wertvoll als Nahrung für die Knochen und vor allem zur Stärkung des Zahnschmelzes.

Die nächst wertvollen Nüsse sind **Pecannüsse, Piniennüsse, Walnüsse, Butternüsse, Bucheckern** und **Haselnüsse**, der Rest ist von durchschnittlichem Wert.

Es ist falsch, Nüsse zum Ende einer Mahlzeit zu essen – vor allem am Ende einer schweren Mahlzeit. Sie sind stark konzentriert und bestehen zu einem hohen Prozentsatz aus Fett und Eiweiß. Daher verlangen sie ein freies Verdauungssystem, damit der Körper Nutzen daraus ziehen kann. Wenn Sie Nüsse in kleinen Mengen zwischen den Mahlzeiten essen, vor allem wenn Sie frischen rohen Karottensaft trinken, sind sie besonders nützlich.

Hülsenfrüchte

Bohnen aller Art, außer grünen Bohnen, sowie Linsen, Erbsen und Mais sind in getrocknetem Zustand stark säurebildend, da sie sehr wenig organisches Wasser, viel konzentriertes Eiweiß und viele konzentrierte Kohlenhydrate enthalten. Menschen sind zwar imstande, diese Kombination eine Zeitlang zu verkraften, sie haben aber nicht die gleiche »Technik«, wie wir sie im Verdauungssystem von Rindern finden, für die Hülsenfrüchte ein natürliches Nahrungsmittel sind. Während Rinder bei dieser Nahrung gedeihen, leidet der menschliche Körper früher oder später unter der Säure aus übermäßiger Gärung und Fäulnis, die aus dieser unvereinbaren Kombination entsteht. Dies gilt nicht weniger für Mehlprodukte aus Hülsenfrüchten. Sojamehl ist keine Ausnahme von diesem Naturgesetz.

Wenn Hülsenfrüchte roh und frisch sind, beträgt ihr Wassergehalt zwischen 65 % und 85 %, und der Eiweiß- und Kohlenhydratgehalt ist den Verhältnissen ähnlicher, die man in frischem Gemüse und in Früchten findet. Man kann sie roh in Salaten essen, für die sie eine interessante und schmackhafte Zugabe sind.

Über den Autor

Eine gute Gesundheit ist nicht vom Alter abhängig. Während der über siebzigjährigen Tätigkeit auf den Gebieten der Gesundheit und Ernährung hat *Dr. Norman Walker* bewiesen, daß gutes Wohlbefinden und ein langes Leben Hand in Hand gehen können.

Erst heute entdecken einige fortschrittliche Mediziner und Ernährungsfachleute die Wahrheiten, die *Dr. Walker* bereits während seines Lebens gekannt und dargelegt hat. *Dr. Walker* selbst war der lebende Beweis dafür, daß man durch richtige Ernährung, seelische Ausgeglichenheit und Hygiene ein längeres, gesünderes Leben erreichen kann. *Dr. Walkers* Ernährungs- und Gesundheitsprogramme sind einfach und leicht durchführbar. Sie basieren nicht auf »Wunderdiäten« oder »revolutionären« Erfindungen!

Schon um die Jahrhundertwende begann Dr. Walker in London sich für eine gesündere Lebensführung zu interessieren. Als junger Mann hatte er sich überlastet und wurde ernsthaft krank. Da alle ärztlichen »Künste« nichts halfen, ging *Dr. Walker* neue Wege und wurde wieder gesund. Seit dieser Zeit verbrachte er seine Zeit damit, die Ursachen für Krankheit und Gesundheit der Menschen zu erforschen und sie zu einem längeren Leben zu führen.

1910 gründete Dr. Walker in New York das Norwalk-Laboratorium für Ernährung und Forschung und hat seitdem wichtige Beiträge für ein längeres, aktives Leben geleistet. Sein größter Beitrag war die Entdeckung des therapeutischen Wertes von Obst- und Gemüsesäften im Jahre 1930. Seit dieser Zeit sind frischgepreßte Säfte in den Haushalten von USA und vielen anderen Ländern nicht mehr wegzudenken (*Leider werden heute fast ausschließlich Fabriksäfte getrunken, die eher schaden als nutzen).*

Dr. Walker hat seine Forschungen bis zu seinem kürzlichen Tode im 116. Lebensjahr weitergeführt und sich schriftstellerisch betätigt. Sein letztes Buch »*Einfache Gewichtskontrolle*« schrieb er noch im Alter von 113 Jahren.

Dr. Walker kann wohl als der erfahrenste und produktivste Ernährungswissenschaftler der Welt bezeichnet werden. Unzählige Beiträge wurden von ihm in Zeitschriften veröffentlicht, und er hat viele Bücher geschrieben.

Noch im hohen Alter sagte *Dr. Walker: »Ich kann wahrheitsgemäß sagen, daß ich mir meines Alters niemals bewußt bin. Seitdem ich erwachsen bin, habe ich nie das Gefühl gehabt, älter zu sein, und ich kann ohne Vorbehalt sagen, daß ich mich heute lebendiger fühle als im Alter von 30 Jahren. Ich denke nicht an Geburtstage, und ich feiere sie auch nicht. Noch heute kann ich voller ehrlicher Überzeugung sagen, daß ich mich einer strahlenden Gesundheit erfreue. Es stört mich überhaupt nicht, Leuten mein Alter zu sagen. Ich bin alterslos!«*

Literaturhinweise

1) *Harvey und Marilyn Diamond* »Fit für's Leben«

2) *Prof. Arnold Ehret* »Die schleimfreie Heilkost«

3) *Dr. Norman W. Walker* »Auch Sie können wieder jünger werden«

4) *Dr. Norman W. Walker* »Frische Gemüse- und Fruchtsäfte«

5) *Dr. Norman W. Walker* »Wasser kann Ihre Gesundheit zerstören«

6) *Helmut Wandmaker* »Willst Du gesund sein? Vergiß den Kochtopf!«

Stichwortverzeichnis

SCHLANK UND FIT

13910

13947

16286

16230

Mosaik bei GOLDMANN

LEBENSFREUDE MIT ALTEM WISSEN

13972

Die Erfolgsautoren und Initiatoren der »Mondwelle« rufen ebenso altes wie zeitloses Wissen um die Rhythmen der Natur wieder ins Bewußtsein: Damit jeder aus eigener Kraft das Beste für sein Wohlbefinden tun kann.

Feng-Shui ist die uralte chinesische Wissenschaft von der Wirkung des Lebensraums auf den Menschen. Detaillierte Anleitungen ermöglichen es jedem, über ein harmonisch ausgerichtetes Heim seine Lebensqualität zu verbessern.

16120

Mosaik bei GOLDMANN